# ODISEJA GRČKOG JOGURTA

Putovanje kroz grčki jogurt. Od doručka do deserta, oslobađanje kremaste i hranjive čarolije

Maja Tomić

Materijal autorskih prava ©2023

Sva prava pridržana

Nijedan dio ove knjige ne smije se koristiti ili prenositi u bilo kojem obliku ili na bilo koji način bez odgovarajućeg pisanog pristanka izdavača i vlasnika autorskih prava, osim kratkih citata korištenih u recenziji. Ovu knjigu ne treba smatrati zamjenom za medicinske, pravne ili druge stručne savjete.

# SADRŽAJ

SADRŽAJ ............................................................................. 3
UVOD ................................................................................. 6
PARFE ZA DORUČAK ...................................................... 7
   1. Grčki jogurt Berry Bliss parfe ........................................ 8
   2. Mocha Breakfast Parfait ............................................. 10
   3. Limoncello parfe od grčkog jogurta ........................... 12
   4. Parfe od grčkog jogurta u obliku saća ....................... 14
   5. Prosecco parfe od grčkog jogurta .............................. 16
   6. Parfe od žitarica sa saćem ......................................... 18
   7. Biskof parfe od grčkog jogurta ................................... 20
   8. Honeycomb Candy Overnight Oats ........................... 22
   9. Parfe s grčkim jogurtom od kukuruznih pahuljica ..... 24
   10. Parfe za doručak Ferrero Rocher ............................. 26
   11. Parfe od jogurta s hibiskusom ................................. 28
   12. Mason jar chia parfe ................................................ 30
   13. Parfe od grejpa i jogurta .......................................... 32
   14. Kahlua doručak parfe ............................................... 34
   15. Parfe od jastoga i manga ......................................... 36
   16. Parfe za doručak s mentom i breskvom .................. 38
   17. Parfe od marakuje i jogurta ..................................... 40
   18. Piña Colada Doručak Parfe ..................................... 42
   19. Schwarzwald Bircher ............................................... 44
   20. Parfe od breskvi i jogurta na žaru ............................ 46
   21. Parfe Pavlova ........................................................... 48
   22. PB&J parfe od jogurta .............................................. 50
   23. Staklenke za parfe od kruške i pistacija .................. 52
   24. Parfe od leptir graška i chia sjemenki ...................... 54
PALAČINKE ..................................................................... 56
   25. Rođendanske palačinke iznenađenja ...................... 57
   26. Palačinke s kvinojom od grčkog jogurta .................. 59
   27. Palačinke od zobenih pahuljica s grčkim jogurtom .. 61
   28. Palačinke od vanilije i badema ................................. 63
   29. Palačinke od kikirikija, banane i čokolade ............... 65
   30. Palačinke od banana kruha ..................................... 67
   31. Cheesecake palačinke od jagoda ............................ 69
   32. Meksičke čokoladne palačinke ................................. 71
   33. Mango palačinke s borovnicama ............................. 73
   34. Piña colada palačinke .............................................. 75
   35. Palačinke od banane i borovnice ............................. 77

36. Palačinke s jagodama i bananama .................... 79
37. Palačinke od medenjaka .................... 81

## SMOOTHIEJI I SMOOTHIE ZDJELICE .................... 83
38. Zdjela za smoothie od grčkog jogurta Biscoff .................... 84
39. Jack Daniel's Smoothie od borovnica .................... 86
40. Jack Daniel's čokoladni smoothie .................... 88
41. Honeycomb Candy zdjelica za jogurt .................... 90
42. Cornflake-Berry Smoothie Bowl .................... 92
43. Hibiskus Smoothie Bowl .................... 94
44. Jack Daniel's Smoothie od breskve .................... 96
45. Smoothie od jagoda .................... 98
46. Kahlua Smoothie .................... 100
47. Smoothie od mente i jagode .................... 102
48. Kremasti američki smoothie od sira .................... 104
49. Smoothie od radosti od badema .................... 106
50. Black forest smoothie .................... 108
51. Zdjela za jogurt od zmajevog voća i granole .................... 110
52. Smoothie od bobičastog zmajevog voća .................... 112
53. Klasični Nutella Smoothie .................... 114
54. Malina Nutella Smoothies .................... 116
55. Açaí zdjela s breskvama i mikrozelenjem .................... 118
56. Pavlova zdjela za kvinoju .................... 120
57. Zdjela za ube i banane .................... 122

## GLICASE I PREDJELA .................... 124
58. Pereci prekriveni grčkim jogurtom .................... 125
59. Popečci od začinskog bilja s umakom od marelica od jogurta .................... 127
60. Uštipci od limuna s pistacijama .................... 129
61. Tiramisu proteinske pločice .................... 132
62. Tiramisu muffini .................... 135
63. Uštipci od špinata i fete .................... 137
64. Glazirane pahuljaste čokoladne krafne .................... 139
65. Pop-Tarts za prženje zraka .................... 142

## UMOCI .................... 144
66. Limoncello umak od grčkog jogurta .................... 145
67. Kutija za ručak Strawberry Jogurt Dip .................... 147
68. Ranch dip .................... 149
69. Umak od češnjaka i slanine .................... 151
70. Umakanje tijesta za tortu od konfeta .................... 153
71. Umak od hibiskusa i jogurta .................... 155
72. Umak od grejpa i jogurta .................... 157

73. Mint jogurt umak .................................................................. 159
## GLAVNO JELO ......................................................... **161**
74. Juha od crnog graha hibiskusa ......................................... 162
75. Janjeća štruca s umakom od jogurta ................................ 164
76. Omot od lososa i jaja ...................................................... 167
77. Riža s limunom i prženim lososom .................................. 169
78. Minty losos salata ........................................................... 171
79. Salata od voća i kozica u slojevima ................................. 173
80. Zdrava waldorfska salata od zmajevog voća ................... 175
81. Salata od zmajevog voća i rakova ................................... 177
82. Tacosi od svježeg voća ................................................... 179
83. Začinjene zdjelice od tune .............................................. 181
## DESERT ..................................................................... **183**
84. Snickers Frozen Yogurt ................................................... 184
85. Limoncello smrznuti jogurt s borovnicama ..................... 186
86. Mousse od sljeza od grčkog jogurta ................................ 188
87. Božićni doručak za rođendan ......................................... 190
88. Budala od manga i jogurta ............................................. 192
89. Popsicles Matcha, Yuzu i mango .................................... 194
90. Passionfruit Cheesecake bez pečenja .............................. 196
91. Alaska pogačice s plodovima mora ................................. 199
92. Amaretti keksi Sladoled .................................................. 201
93. grčki Affogato ................................................................ 203
94. Zlatni led od smokava s rumom ...................................... 205
95. Liker od naranče i sladoled od ružine vodice .................. 207
96. Panna cotta od grčkog jogurta s pireom od datulja ......... 209
**97. Açaí sladoled** ................................................................ 211
98. Hrskavi slatkiši od jogurta .............................................. 213
99. Slatkiši od jogurta od maline .......................................... 215
100. Zdjelice za tortu od sira od bundeve ............................. 217
## ZAKLJUČAK ............................................................ **220**

# UVOD

Dobrodošli u očaravajući svijet grčkog jogurta! U ovoj kuharici pozivamo vas da se upustite u kulinarsku avanturu koja slavi svestranost i zdravu dobrotu ovog omiljenog mliječnog užitka. Od zdjelica za doručak do slanih obroka, od slatkih deserata do osvježavajućih pića, grčki jogurt svestran je sastojak koji daje kremast i hranjiv dodir svakom jelu.

Grčki jogurt, sa svojom bogatom i baršunastom teksturom, postao je glavna namirnica u kuhinjama diljem svijeta. Poznat po svom pikantnom okusu i probiotičkim blagodatima, grčki jogurt nudi bezbroj mogućnosti za stvaranje zdravih i uživajućih kulinarskih remek-djela. U ovoj kuharici pozivamo vas da nam se pridružite na putovanju na kojem grčki jogurt zauzima središnje mjesto, nadahnjujući vas da prihvatite njegov kremasti potencijal u svakom obroku u danu. Na ovim stranicama otkrit ćete riznicu slatkih recepata koji prikazuju svestranost grčkog jogurta. Od smoothieja i parfea prepunih proteina do ukusnih preljeva i umaka, od utješnih juha i marinada do dekadentnih deserata i smrznutih poslastica, pripremili smo kolekciju koja će zadovoljiti sve nepce i prehrambene preferencije. Bilo da ste zdravstvena osoba,

Ali ova je kuharica više od puke kompilacije recepata. Također ulazimo u svijet grčkog jogurta, dijeleći njegovu povijest, zdravstvene prednosti i savjete o odabiru i korištenju ovog divnog sastojka. Vodit ćemo vas kroz različite vrste grčkog jogurta i naučiti vas kako napraviti vlastiti kod kuće, omogućujući vam da doista prilagodite svoje iskustvo jogurta. Uz naše korisne savjete i zamjene, moći ćete prilagoditi recepte svojim prehrambenim potrebama i preferencijama.

Dakle, želite li dan započeti doručkom prepunim proteina, pripremiti zdrav ručak ili večeru ili se prepustiti desertu bez grižnje savjesti. Pripremite se da se upustite u avanturu punu okusa i otkrijte bezbroj načina na koje grčki jogurt može unaprijediti vaše kulinarske kreacije.

# PARFE ZA DORUČAK

1. Grčki jogurt Berry Bliss parfe

**SASTOJCI:**
- 1 šalica miješanog bobičastog voća
- 1 šalica grčkog jogurta
- ½ šalice granole
- 2 žlice meda

**UPUTE:**
a) U čašu ili staklenku na dno složite polovicu izmiješanog bobičastog voća.
b) Žlicom stavite polovicu grčkog jogurta na vrh bobičastog voća.
c) Polovicu granole posuti po jogurtu.
d) Prelijte žlicom meda.
e) Ponovite slojeve s preostalim bobičastim voćem, jogurtom, granolom i medom.
f) Poslužite odmah ili ohladite za kasnije uživanje.

## 2.Mocha doručak parfe

**SASTOJCI:**
- 1 šalica grčkog jogurta
- 1 žlica kakaa u prahu
- 1 žlica granula instant kave
- 1 žlica meda ili zaslađivača po izboru
- Granola i svježe bobice za slojeve

**UPUTE:**
a) U zdjeli pomiješajte grčki jogurt, kakao prah, granule instant kave i med.
b) Dobro promiješajte dok smjesa ne postane glatka i dok se sastojci potpuno ne sjedine.
c) U staklenu teglu složite smjesu mocha jogurta s granolom i svježim bobičastim voćem.
d) Ponavljajte slojeve dok ne napunite čašu ili staklenku.
e) Prelijte dodatnom kašicom mocha jogurta i ukrasite bobičastim voćem.
f) Mocha doručak odmah poslužite ili ostavite u hladnjaku dok ne budete spremni za uživanje.

## 3.Parfe od grčkog jogurta Limoncello

**SASTOJCI:**
- 1 šalica grčkog jogurta
- 1 žlica meda
- 1 žlica Limoncello likera
- ½ šalice granole
- Svježe bobice za preljev

**UPUTE:**
a) U maloj posudi pomiješajte grčki jogurt, med i Limoncello dok se dobro ne sjedine.
b) U čaše ili zdjelice za posluživanje stavite slojeve mješavine jogurta s granolom i svježim bobičastim voćem.
c) Ponavljajte slojeve dok ne dođete do vrha.
d) Završite s posipom granole i nekoliko bobica na vrhu.
e) Poslužite odmah kao osvježavajući i lagani doručak ili užinu.

4.Parfe od grčkog jogurta u obliku saća

**SASTOJCI:**
- 1 šalica grčkog jogurta
- 2 žlice meda
- ¼ šalice zdrobljenog bombona saća
- ¼ šalice granole
- Svježe bobičasto voće za preljev (po želji)

**UPUTE:**
a) U zdjeli pomiješajte grčki jogurt i med dok se dobro ne sjedine.
b) Složite jogurt od meda, zdrobljene bombone sa saćem i granolu u čašu ili staklenku.
c) Ponavljajte slojeve dok ne potrošite sve sastojke.
d) Po želji stavite svježe bobičasto voće.
e) Poslužite parfe od saćastog jogurta odmah ili ga ostavite u hladnjaku dok ne budete spremni za uživanje.

## 5. Prosecco parfe od grčkog jogurta

**SASTOJCI:**
- 1 šalica grčkog jogurta
- 2 žlice meda
- ½ žličice ekstrakta vanilije
- 1 šalica granole
- 1 šalica miješanog svježeg bobičastog voća
- ¼ šalice Prosecca

**UPUTE:**
a) U maloj zdjeli pomiješajte zajedno grčki jogurt, med i ekstrakt vanilije dok ne postane glatko.
b) U čaše ili zdjelice za posluživanje rasporedite mješavinu grčkog jogurta, granolu, svježe bobičasto voće i malo prosecca.
c) Ponavljajte slojeve dok ne potrošite sastojke, a završite grlicom grčkog jogurta i pospite granolom na vrhu.
d) Poslužite odmah kao divan parfe s proseccom i jogurtom.

## 6. Parfe sa saćem od žitarica

**SASTOJCI:**
- 1 šalica žitarica saća
- 1 šalica grčkog jogurta
- 1 šalica miješanog svježeg bobičastog voća
- Med za podlijevanje

**UPUTE:**
a) U čašu ili staklenku stavite slojeve žitarica u obliku saća, grčkog jogurta i miješanog svježeg bobičastog voća.
b) Svaki sloj prelijte medom.
c) Ponavljajte slojeve dok ne potrošite sastojke.
d) Prelijte dodatnom kapljicom meda i nekoliko komadića žitarica u saću.
e) Poslužite i okusite ovaj hrskavi i slatki parfe od žitarica u obliku saća.

7.Biskof parfe od grčkog jogurta

**SASTOJCI:**
- 1 šalica grčkog jogurta
- 2 žlice Biscoff namaza
- 1 žlica meda ili javorovog sirupa
- ½ šalice granole
- Svježe bobičasto voće (jagode, borovnice, maline)
- Biscoff keksi mrvice (za ukras)

**UPUTE:**
a) U zdjeli pomiješajte grčki jogurt, Biscoff namaz i med ili javorov sirup dok se dobro ne sjedine.
b) U čaše ili staklenke za posluživanje poslažite smjesu Biscoff jogurta, granole i svježeg bobičastog voća.
c) Ponavljajte slojeve dok se ne napune čaše/staklenke.
d) Vrh pospite Biscoff kolačić mrvicama za dodatnu hrskavost i okus.
e) Poslužite Biscoff parfe za doručak ohlađen i uživajte u kremastoj, voćnoj i hrskavoj kombinaciji.

## 8. Honeycomb Candy Overnight Oats

**SASTOJCI:**
- ½ šalice valjane zobi
- ½ šalice mlijeka (mliječnog ili biljnog)
- ½ šalice grčkog jogurta
- 1 žlica meda
- ¼ šalice bombona u obliku saća, zgnječenog
- Svježe voće za preljev

**UPUTE:**
a) U staklenci ili posudi pomiješajte zobene pahuljice, mlijeko, grčki jogurt i med.
b) Dobro promiješajte da se sjedini.
c) Po smjesi pospite zdrobljene bombone u saću.
d) Pokrijte staklenku ili posudu i stavite u hladnjak preko noći.
e) Ujutro zob dobro promiješajte.
f) Prelijte svježim voćem i dodatnom smrvljenom bombonom od saća.
g) Uživajte u ovom jednostavnom i ukusnom slatkišu od saća preko noći.

9.Parfe od grčkog jogurta od kukuruznih pahuljica

**SASTOJCI:**
- 1 šalica grčkog jogurta
- 1 šalica svježeg bobičastog voća (kao što su jagode, borovnice ili maline)
- ½ šalice zdrobljenih kukuruznih pahuljica
- Med ili javorov sirup, za prelijevanje

**UPUTE:**
a) U čašu ili zdjelu rasporedite grčki jogurt, svježe bobičasto voće i zdrobljene kukuruzne pahuljice.
b) Ponavljajte slojeve dok ne potrošite sve sastojke.
c) Prelijte medom ili javorovim sirupom.
d) Poslužite odmah i uživajte!

## 10. Ferrero Rocher parfe za doručak

**SASTOJCI:**
- 1 šalica grčkog jogurta
- ½ šalice granole
- 4 Ferrero Rocher čokolade, nasjeckane
- Sjeckani lješnjaci, za ukras

**UPUTE:**
a) U čašu ili staklenku stavite grčki jogurt, granolu i nasjeckane Ferrero Rocher čokolade.
b) Ponavljajte slojeve dok ne dođete do vrha čaše.
c) Završite s malo grčkog jogurta i pospite nasjeckanim lješnjacima.
d) Poslužite parfe odmah ili ga stavite u hladnjak dok ne budete spremni za uživanje.

## 11.Parfe od jogurta s dodatkom hibiskusa

**SASTOJCI:**
- 1 šalica grčkog jogurta ili biljnog jogurta
- 2 žlice sirupa od hibiskusa ili koncentrata čaja od hibiskusa
- Svježe bobičasto voće (kao što su jagode, borovnice ili maline)
- Granola ili orasi za preljev

**UPUTE:**
a) U zdjeli pomiješajte grčki jogurt i sirup ili koncentrat čaja od hibiskusa dok se dobro ne sjedine.

b) U staklenu posudu stavite slojeve jogurta prožetog hibiskusom, svježe bobičasto voće i granolu ili orašaste plodove.

c) Ponavljajte slojeve dok ne potrošite sve sastojke.

d) Na vrh parfe stavite još svježeg bobičastog voća i pospite granolom ili orašastim plodovima.

e) Odmah poslužite parfe s hibiskusom i jogurtom i uživajte u divnom i hranjivom doručku.

## 12. Mason jar chia parfe

**SASTOJCI:**
- 1 ¼ šalice 2% mlijeka
- 1 šalica 2% običnog grčkog jogurta
- ½ šalice chia sjemenki
- 2 žlice meda
- 2 žlice šećera
- 1 žlica narančine korice
- 2 žličice ekstrakta vanilije
- ¾ šalice razrezane naranče
- ¾ šalice segmentiranih mandarina
- ½ šalice segmentiranog grejpa

**UPUTE:**
a) U velikoj zdjeli pomiješajte mlijeko, grčki jogurt, chia sjemenke, med, šećer, narančinu koricu, vaniliju i sol dok se dobro ne sjedine.
b) Ravnomjerno podijelite smjesu u četiri staklenke (16 unci). Ostavite u hladnjaku preko noći, ili do 5 dana.
c) Poslužite hladno, preliveno narančama, mandarinama i grejpom.

13. Parfe od grejpa i jogurta

**SASTOJCI:**
- 1 grejpfrut, segmentirano
- 1 šalica običnog grčkog jogurta
- 2 žlice meda
- ¼ šalice granole

**UPUTE:**
a) U maloj posudi pomiješajte jogurt i med.
b) U čašu ili zdjelu rasporedite segmente grejpa, smjesu jogurta i granolu.
c) Slojeve ponavljati dok se ne potroše svi sastojci.
d) Poslužite odmah.

14. Kahlua doručak parfe

**SASTOJCI:**
- 1 šalica grčkog jogurta
- 2 žlice meda
- 2 žlice Kahlue
- ½ šalice granole
- Svježe bobičasto voće (npr. jagode, borovnice, maline)
- Sjeckani orasi (po želji)

**UPUTE:**
a) U maloj posudi pomiješajte grčki jogurt, med i Kahluu.
b) U čašu ili zdjelu stavite slojeve Kahlua jogurta, granole i svježeg bobičastog voća i ponovite.
c) Po želji pospite sjeckanim orašastim plodovima.
d) Uživajte u Kahlua parfeu za doručak kao zdravoj i ukusnoj jutarnjoj poslastici.

## 15. Parfe od jastoga i manga

**SASTOJCI:**
- 2 repa jastoga, kuhana i narezana na kockice
- 2 zrela manga, oguljena i narezana na kockice
- 1 šalica grčkog jogurta
- 1 žlica meda
- ¼ šalice zdrobljenih graham krekera
- Listići svježe mente za ukrašavanje

**UPUTE:**
a) U maloj posudi pomiješajte grčki jogurt i med dok se dobro ne sjedine.
b) U čaše ili zdjelice za posluživanje poslažite mango narezan na kockice, meso jastoga narezano na kockice i smjesu meda i jogurta.
c) Ponavljajte slojeve dok se ne napune čaše.
d) Po vrhu svakog parfea pospite zdrobljene graham krekere.
e) Ukrasite listićima svježe mente.
f) Ostavite u hladnjaku najmanje 1 sat prije posluživanja kako bi se okusi stopili.
g) Poslužite ohlađeno i uživajte u osvježavajućoj kombinaciji jastoga i manga u ovom divnom parfeu.

16. Parfe za doručak s mentom i breskvom

**SASTOJCI:**
- ½ šalice valjane zobi
- ½ šalice nezaslađenog mlijeka od vanilije i badema
- ½ šalice običnog grčkog jogurta
- 1 breskva, narezana na kockice
- 1 žlica meda
- 1 žlica nasjeckanih listova svježe metvice
- 1 žlica nasjeckanih orašastih plodova (kao što su bademi ili pekan orasi)

**UPUTE:**
a) U zdjeli pomiješajte zobene pahuljice i bademovo mlijeko.
b) Promiješati. Pokrijte zdjelu i stavite u hladnjak preko noći.
c) Ujutro stavite slojeve mješavine zobi, grčkog jogurta, breskve narezane na kockice, meda, listića mente i nasjeckanih orašastih plodova u čašu za parfe ili staklenku.
d) Slaganje ponavljati dok se ne potroše svi sastojci.
e) Poslužite odmah ili poklopite i ostavite u hladnjaku za kasnije.
f) Uživati!

17.Parfe od marakuje i jogurta

**SASTOJCI:**
- 2 šalice običnog grčkog jogurta
- ½ šalica pulpe marakuje
- ¼ šalica meda
- 1 šalica granole

**UPUTE:**
a) U zdjeli za miješanje pomiješajte grčki jogurt, pulpu marakuje i med.
b) Složite smjesu jogurta i granole u čašu ili staklenku.
c) Na vrh stavite dodatnu pulpu marakuje i granolu.
d) Poslužite odmah.

## 18.Piña Colada Parfe doručak

**SASTOJCI:**
- 1/2 šalice grčkog jogurta
- 1/2 šalice ananasa narezanog na kockice
- 1/4 šalice naribanog kokosa
- 2 žlice meda
- 2 žlice soka od ananasa
- Granola za preljev

**UPUTE:**
a) U zdjeli pomiješajte grčki jogurt, ananas narezan na kockice, nasjeckani kokos, med i sok od ananasa.
b) Žlicom stavljajte smjesu u čašu za posluživanje, naizmjenično sa slojevima granole.
c) Na vrh stavite još ananasa narezanog na kockice i nasjeckanog kokosa.

## 19. Schwarzwald Bircher

**SASTOJCI:**
- 2 manje kruške, naribane
- 10 žlica (60 g) zobenih zobi
- 1 žlica kakao praha ili kakao praha
- 200 g grčkog jogurta, plus 4 žlice
- 5 žlica mlijeka
- 1 žlica javorovog sirupa ili meda, plus dodatak za posluživanje (po želji)
- 200g višanja prepolovljenih i očišćenih od koštica
- 2 kvadrata crne čokolade

**UPUTE:**
a) Pomiješajte kruške, zob, kakao, jogurt, mlijeko i javorov sirup u zdjeli. Podijelite u četiri zdjele (ili spremnika ako ga nosite na posao).
b) Svaku porciju prelijte trešnjama, 1 žlicom jogurta i malo dodatnog javorovog sirupa, ako želite. Sitno naribajte čokoladu preko Birchera, lagano posipajte svaku porciju.
c) Pojedite odmah ili ostavite u hladnjaku do 2 dana.

## 20. Parfe od breskve i jogurta na žaru

**SASTOJCI:**
- 4 breskve prepolovljene i bez koštica
- 2 šalice grčkog jogurta
- ¼ šalice meda
- ½ šalice granole
- Listići svježe mente za ukrašavanje

**UPUTE:**
a) Zagrijte roštilj na srednju temperaturu.
b) Polovice breskvi pecite na grilu 2-3 minute sa svake strane dok ne omekšaju i dok se ne pojave tragovi pečenja.
c) U maloj zdjeli pomiješajte grčki jogurt i med.
d) Da biste sastavili parfe, žlicom stavite sloj jogurta u čašu, zatim sloj granole i polovicu breskve na žaru.
e) Ponavljajte slojeve dok se čaša ne napuni.
f) Prelijte malo jogurta, granole i listića svježe mente.

## 21.Parfe Pavlova

**SASTOJCI:**
- 1 šalica grčkog jogurta
- ½ šalice miješanog bobičastog voća
- ¼ šalice granole
- 1 mini školjka Pavlova, izmrvljena

**UPUTE:**
a) U čašu za parfe ili zdjelu rasporedite grčki jogurt, miješano bobičasto voće i granolu.
b) Po vrhu parfea pospite izmrvljenu mini Pavlovu školjku.
c) Ponavljajte slojeve dok se čaša ili zdjela ne napune do vrha.
d) Poslužite odmah.

## 22. PB&J parfe od jogurta

**SASTOJCI:**
- 1 šalica običnog grčkog jogurta
- 2 žlice maslaca od kikirikija
- 2 žlice želea ili pekmeza
- ½ šalice granole
- Dodaci: svježe bobičasto voće, posipi, narezane banane, itd.

**UPUTE:**
a) Pomiješajte jogurt, maslac od kikirikija i žele ili džem dok se dobro ne sjedine.
b) Složite mješavinu jogurta i granole u čašu ili staklenku za posluživanje.
c) Na vrh dodajte nadjeve po želji.
d) Poslužite i uživajte!

23. Staklenke za parfe od kruške i pistacija

## SASTOJCI:
### CHIA PUDING OD KRUŠKE:
- ¼ šalice pirea od kruške
- ⅓ šalice nezaslađenog mlijeka od vanilije ili običnog bademovog mlijeka
- 3 žlice chia sjemenki
- Puding od kruške i avokada:
- 1 zreli avokado
- 1-2 žličice meda ili kokosovog nektara, ovisno o željenoj slatkoći
- 2 žlice pirea od kruške

### PREOSTALI SLOJEVI I UKRASI:
- ½ šalice vaše omiljene granole
- ½ šalice grčkog jogurta od vanilije
- ¼ šalice nasjeckane svježe kruške
- 2 žlice nasjeckanih pistacija
- 2 žličice meda ili kokosovog nektara

## UPUTE:
a) Započnite s pripremom chia pudinga od kruške dodavanjem svih sastojaka u zdjelu, miješanjem dok se dobro ne sjedine, a zatim ostavite u hladnjaku 15-20 minuta da se zgusne.

b) Zatim pripremite puding od kruške od avokada dodavanjem svih sastojaka u mali procesor za hranu ili baby bullet i miksajte dok smjesa ne postane glatka. Isprobajte okus i dodajte još meda/kokosovog nektara ako više volite da puding od avokada bude slađi.

c) Kada se chia puding zgusne, promiješajte ga još jednom i spremni ste za slaganje svih sastojaka.

d) U dvije staklenke od 8 unci razdijelite granolu, jogurt, chia puding i puding od avokada, rasporedite ih u bilo koji sloj između dvije staklenke.

e) Završite tako da svaku staklenku prelijete s 2 žlice nasjeckane svježe kruške i 1 žlicom nasjeckanih pistacija, a zatim pokapajte svaku staklenku s 1 žličicom meda ili kokosovog nektara.

## 24. Parfe od leptir graška i chia sjemenki

**SASTOJCI:**
- 2 žlice cvijeta leptira graška
- 1-1/2 šalice bademovog mlijeka, na 200°F
- 1 žlica meda ili agave
- 4 žlice chia sjemenki

**SERVIRATI:**
- 1 šalica grčkog jogurta
- Šaka bobičastog voća

**UPUTE:**

a) Dodajte vruće bademovo mlijeko u cvjetove leptirskog graška i kuhajte 3-5 minuta, zatim procijedite cvjetove leptirskog graška.

b) U posudu s poklopcem dodajte zaslađivač i chia sjemenke.

c) Promiješajte da se sjedini i ostavite u hladnjaku preko noći.

**SERVIRATI:**

d) U šalicu ili malu zdjelu stavite slojeve grčkog jogurta i dva različita chia pudinga kako biste stvorili slojeve parfea.

e) Ukrasite bobičastim voćem i još meda po želji. Poslužite hladno.

# PALAČINKE

25. Rođendanske palačinke iznenađenja

**SASTOJCI:**
- 1 šalica speltinog brašna
- 2 žlice smjese za puding od vanilije bez šećera
- ½ žličice praška za pecivo
- ½ žličice sode bikarbone
- ¾ šalice običnog grčkog jogurta
- ½ šalice + 2 žlice 2% nemasnog mlijeka
- 1 veliko jaje
- 2 žlice javorovog sirupa
- ¼ šalice duginih posipa, plus još za preljev (po izboru)

**UPUTE:**
a) Dodajte brašno, puding, prašak za pecivo i sodu bikarbonu u zdjelu i umutite da se sjedini.
b) U drugoj posudi umutite jogurt, mlijeko, jaje i javorov sirup dok se dobro ne sjedine.
c) Dodajte mokre sastojke suhim sastojcima i miješajte dok se temeljito ne sjedine.
d) Ostavite tijesto da odstoji 2 do 3 minute. To omogućuje da se svi sastojci sjedine i daje tijestu bolju konzistenciju.
e) Nakon što se tijesto odmori, umiješajte posip.
f) Neprianjajuću tavu ili rešetku obilno poprskajte biljnim uljem i zagrijte na srednjoj vatri.
g) Kad se tava zagrije, dodajte tijesto pomoću mjerne posude od ¼ šalice i ulijte tijesto u tavu da napravite palačinku. Pomoću mjerne posude oblikujte palačinku.
h) Pecite dok se stranice ne stvrdnu i dok se u sredini ne stvore mjehurići (oko 2 do 3 minute), zatim okrenite palačinku.
i) Kad je palačinka s te strane pečena, maknite je s vatre i stavite je na tanjur.
j) Nastavite ove korake s ostatkom tijesta.

26. Grčki jogurt Palačinke od kvinoje

**SASTOJCI:**
- 1 šalica (bilo koje boje) kuhane kvinoje
- ¾ šalice brašna od kvinoje
- 2 žličice praška za pecivo
- ½ žličice soli
- 1 žlica otopljenog maslaca
- ¼ šalice grčkog jogurta
- 2 žlice 2% nemasnog mlijeka
- 2 velika jaja, istučena
- 2 žlice javorovog sirupa
- 1 žličica ekstrakta vanilije
- Konzervirano voće, za posluživanje (po želji)

**UPUTE:**

a) U veliku zdjelu dodajte kvinoju, brašno, prašak za pecivo i sol i umutite da se dobro sjedine.

b) U drugoj zdjeli pjenasto izmiješajte maslac, jogurt, mlijeko, jaja, javorov sirup i vaniliju. Sve zajedno umutiti da se dobro sjedini.

c) Dodajte mokre sastojke suhim sastojcima i miješajte dok se temeljito ne sjedine.

d) Ostavite tijesto da odstoji 2 do 3 minute. To omogućuje da se svi sastojci sjedine i daje tijestu bolju konzistenciju.

e) Neprianjajuću tavu ili rešetku obilno poprskajte biljnim uljem i zagrijte na srednjoj vatri.

f) Kad se tava zagrije, dodajte tijesto pomoću mjerne posude od ¼ šalice i ulijte tijesto u tavu da napravite palačinku. Pomoću mjerne posude oblikujte palačinku.

g) Pecite dok se stranice ne stvrdnu i dok se u sredini ne stvore mjehurići (oko 2 do 3 minute), zatim okrenite palačinku.

h) Kad je palačinka s te strane pečena, maknite je s vatre i stavite je na tanjur.

i) Nastavite ove korake s ostatkom tijesta. Po želji poslužite uz konzervirano voće.

## 27.Palačinke od zobenih pahuljica s grčkim jogurtom

## SASTOJCI:

- 1¾ šalice starinske valjane zobi
- 1½ žličice praška za pecivo
- 1 žličica sode bikarbone
- ½ žličice cimeta
- ¼ žličice soli
- 1 veliko jaje
- 2 žlice kokosovog ulja, otopljenog
- 1 žlica javorovog sirupa, plus još za posluživanje
- 1 žličica ekstrakta vanilije
- 1 šalica običnog grčkog jogurta
- ¼ šalice 2% mlijeka s niskim udjelom masnoće

## UPUTE:

a) Dodajte sve sastojke u blender. Otopljeno kokosovo ulje moglo bi se stvrdnuti u kombinaciji s hladnijim sastojcima, pa ako želite možete malo zagrijati mlijeko kako biste spriječili da se to dogodi.
b) Miksajte sve u blenderu dok ne dobijete glatku tekućinu.
c) Smjesu za palačinke izlijte u veliku zdjelu.
d) Ostavite tijesto da odstoji 5 do 10 minuta. To omogućuje da se svi sastojci sjedine i daje tijestu bolju konzistenciju.
e) Neprianjajuću tavu ili rešetku obilno poprskajte biljnim uljem i zagrijte na srednjoj vatri.
f) Kad se tava zagrije, dodajte tijesto pomoću mjerne posude od ¼ šalice i ulijte tijesto u tavu da napravite palačinku. Pomoću mjerne posude oblikujte palačinku.
g) Pecite dok se stranice ne stvrdnu i dok se u sredini ne stvore mjehurići (oko 2 minute), zatim okrenite palačinku.
h) Kad je palačinka s te strane pečena, maknite je s vatre i stavite je na tanjur.
i) Nastavite ove korake s ostatkom tijesta. Poslužite s javorovim sirupom.

## 28.Palačinke od vanilije i badema

**SASTOJCI:**
- 1 šalica speltinog brašna
- 2 žlice smjese za puding od vanilije bez šećera
- ½ žličice praška za pecivo
- ½ žličice sode bikarbone
- ¾ šalice običnog grčkog jogurta
- ½ šalice + 2 žlice 2% nemasnog mlijeka
- 1 veliko jaje
- 2 žlice javorovog sirupa
- ¼ šalice narezanih badema

**UPUTE:**
a) Dodajte brašno, smjesu za puding, prašak za pecivo i sodu bikarbonu u zdjelu i umutite da se sjedini.
b) U drugoj posudi umutite jogurt, mlijeko, jaje i javorov sirup dok se dobro ne sjedine.
c) Dodajte mokre sastojke suhim sastojcima i miješajte dok se temeljito ne sjedine.
d) Na kraju umiješajte bademe.
e) Ostavite tijesto da odstoji 2 do 3 minute. To omogućuje da se svi sastojci sjedine i daje tijestu bolju konzistenciju.
f) Neprianjajuću tavu ili rešetku obilno poprskajte biljnim uljem i zagrijte na srednjoj vatri.
g) Kad se tava zagrije, dodajte tijesto pomoću mjerne posude od ¼ šalice i ulijte tijesto u tavu da napravite palačinku. Pomoću mjerne posude oblikujte palačinku.
h) Pecite dok se stranice ne stvrdnu i dok se u sredini ne stvore mjehurići (oko 2 do 3 minute), zatim okrenite palačinku.
i) Kad je palačinka s te strane pečena, maknite je s vatre i stavite je na tanjur.
j) Nastavite ove korake s ostatkom tijesta.

## 29.Palačinke od kikirikija, banane i čokolade

**SASTOJCI:**
- 1 šalica speltinog brašna
- ¼ šalice maslaca od kikirikija u prahu
- ½ žličice praška za pecivo
- ½ žličice sode bikarbone
- ¾ šalice običnog grčkog jogurta
- 1 zrela srednja banana, zgnječena, plus još za posluživanje (po želji)
- ¼ šalice + 2 žlice 2% nemasnog mlijeka
- 1 veliko jaje
- 2 žlice javorovog sirupa
- ½ šalice čokoladnih komadića, plus još za posluživanje (po želji)
- Maslac od kikirikija, za posluživanje (po želji)

**UPUTE:**
a) Dodajte brašno, maslac od kikirikija u prahu, prašak za pecivo i sodu bikarbonu u zdjelu i umutite da se sjedini.
b) U drugoj posudi umutite jogurt, zgnječenu bananu, mlijeko, jaje i javorov sirup dok se ne sjedine.
c) Dodajte mokre sastojke suhim sastojcima i miješajte dok se temeljito ne sjedine.
d) Umiješajte komadiće čokolade.
e) Ostavite tijesto da odstoji 2 do 3 minute. To omogućuje da se svi sastojci sjedine i daje tijestu bolju konzistenciju.
f) Neprianjajuću tavu ili rešetku obilno poprskajte biljnim uljem i zagrijte na srednjoj vatri.
g) Kad se tava zagrije, dodajte tijesto pomoću mjerne posude od ¼ šalice i ulijte tijesto u tavu da napravite palačinku. Pomoću mjerne posude oblikujte palačinku.
h) Pecite dok se stranice ne stvrdnu i dok se u sredini ne stvore mjehurići (oko 2 do 3 minute), zatim okrenite palačinku.
i) Kad je palačinka s te strane pečena, maknite je s vatre i stavite je na tanjur.
j) Nastavite ove korake s ostatkom tijesta.

## 30. Banana bread palačinke

**SASTOJCI:**
- 1 šalica speltinog brašna
- ½ žličice praška za pecivo
- ½ žličice sode bikarbone
- ¾ šalice običnog grčkog jogurta
- 1 zrela srednja banana, zgnječena
- ½ šalice + 2 žlice 2% nemasnog mlijeka
- 1 veliko jaje
- 2 žlice javorovog sirupa

**UPUTE:**

a) Dodajte brašno, prašak za pecivo i sodu bikarbonu u zdjelu i umutite da se sjedini.

b) U drugoj posudi umutite jogurt, zgnječenu bananu, mlijeko, jaje i javorov sirup dok se ne sjedine.

c) Dodajte mokre sastojke suhim sastojcima i miksajte dok se ne sjedine.

d) Ostavite tijesto da odstoji 2 do 3 minute. To omogućuje da se svi sastojci sjedine i daje tijestu bolju konzistenciju.

e) Neprianjajuću tavu ili rešetku obilno poprskajte biljnim uljem i zagrijte na srednjoj vatri.

f) Kad se tava zagrije, dodajte tijesto pomoću mjerne posude od ¼ šalice i ulijte tijesto u tavu da napravite palačinku. Pomoću mjerne posude oblikujte palačinku.

g) Pecite dok se stranice ne stvrdnu i dok se u sredini ne stvore mjehurići (oko 2 do 3 minute), zatim okrenite palačinku.

h) Kad je palačinka s te strane pečena, maknite je s vatre i stavite je na tanjur.

i) Nastavite ove korake s ostatkom tijesta.

## 31.Palačinke od sira od jagoda

**SASTOJCI:**
- 1 šalica speltinog brašna
- 2 žlice smjese za puding od vanilije bez šećera
- ½ žličice praška za pecivo
- ½ žličice sode bikarbone
- ¾ šalice običnog grčkog jogurta
- ½ šalice + 2 žlice 2% nemasnog mlijeka
- 1 veliko jaje
- 2 žlice javorovog sirupa
- 1 šalica tanko narezanih jagoda

**UPUTE:**
a) Dodajte brašno, smjesu za puding, prašak za pecivo i sodu bikarbonu u zdjelu i umutite da se sjedini.
b) U drugoj posudi umutite jogurt, mlijeko, jaje i javorov sirup dok se ne sjedine.
c) Dodajte mokre sastojke suhim sastojcima i miješajte dok se temeljito ne sjedine.
d) Pažljivo umiješajte jagode.
e) Ostavite tijesto da odstoji 2 do 3 minute. To omogućuje da se svi sastojci sjedine i daje tijestu bolju konzistenciju.
f) Neprianjajuću tavu ili rešetku obilno poprskajte biljnim uljem i zagrijte na srednjoj vatri.
g) Kad se tava zagrije, dodajte tijesto pomoću mjerne posude od ¼ šalice i ulijte tijesto u tavu da napravite palačinku. Pomoću mjerne posude oblikujte palačinku.
h) Pecite dok se stranice ne stvrdnu i dok se u sredini ne stvore mjehurići (oko 2 do 3 minute), zatim okrenite palačinku.
i) Kad je palačinka s te strane pečena, maknite je s vatre i stavite je na tanjur.
j) Nastavite ove korake s ostatkom tijesta.

## 32.Meksičke čokoladne palačinke

**SASTOJCI:**
- 1 šalica speltinog brašna
- ¼ šalice nezaslađenog kakaa
- 1 žličica cimeta
- ½ žličice praška za pecivo
- ½ žličice sode bikarbone
- ¾ šalice običnog grčkog jogurta
- ¼ šalice + 2 žlice 2% nemasnog mlijeka
- 1 veliko jaje
- 2 žlice javorovog sirupa

**UPUTE:**

a) Dodajte brašno, kakao, cimet, prašak za pecivo i sodu bikarbonu u zdjelu i umutite da se sjedini.

b) U drugoj posudi umutite jogurt, mlijeko, jaje i javorov sirup dok se dobro ne sjedine.

c) Dodajte mokre sastojke suhim sastojcima i miješajte dok se temeljito ne sjedine.

d) Ostavite tijesto da odstoji 2 do 3 minute. To omogućuje da se svi sastojci sjedine i daje tijestu bolju konzistenciju.

e) Neprianjajuću tavu ili rešetku obilno poprskajte biljnim uljem i zagrijte na srednjoj vatri.

f) Kad se tava zagrije, dodajte tijesto pomoću mjerne posude od ¼ šalice i ulijte tijesto u tavu da napravite palačinku. Pomoću mjerne posude oblikujte palačinku.

g) Pecite dok se stranice ne stvrdnu i dok se u sredini ne stvore mjehurići (oko 2 do 3 minute), zatim okrenite palačinku.

h) Kad je palačinka s te strane pečena, maknite je s vatre i stavite je na tanjur.

i) Nastavite ove korake s ostatkom tijesta.

33. Mango palačinke s borovnicama

**SASTOJCI:**
- 1 šalica speltinog brašna
- ½ žličice praška za pecivo
- ½ žličice sode bikarbone
- ¾ šalice običnog grčkog jogurta
- ¼ šalice + 2 žlice 2% nemasnog mlijeka
- 1 veliko jaje
- 2 žlice javorovog sirupa
- ½ šalice pirea od manga
- ½ šalice borovnica

**UPUTE:**
a) Dodajte brašno, prašak za pecivo i sodu bikarbonu u zdjelu i umutite da se sjedini.
b) U drugoj posudi umutite jogurt, mlijeko, jaje, javorov sirup i pire od manga dok se ne sjedine.
c) Dodajte mokre sastojke suhim sastojcima i miješajte dok se temeljito ne sjedine.
d) Pažljivo umiješajte borovnice.
e) Ostavite tijesto da odstoji 2 do 3 minute. To omogućuje da se svi sastojci sjedine i daje tijestu bolju konzistenciju.
f) Neprianjajuću tavu ili rešetku obilno poprskajte biljnim uljem i zagrijte na srednjoj vatri.
g) Kad se tava zagrije, dodajte tijesto pomoću mjerne posude od ¼ šalice i ulijte tijesto u tavu da napravite palačinku. Pomoću mjerne posude oblikujte palačinku.
h) Pecite dok se stranice ne stvrdnu i dok se u sredini ne stvore mjehurići (oko 2 do 3 minute), zatim okrenite palačinku.
i) Kad je palačinka s te strane pečena, maknite je s vatre i stavite je na tanjur.
j) Nastavite ove korake s ostatkom tijesta.

## 34. Piña colada palačinke

## SASTOJCI:
- 1 šalica speltinog brašna
- ½ žličice praška za pecivo
- ½ žličice sode bikarbone
- ¾ šalice običnog grčkog jogurta
- ½ šalice + 2 žlice konzerviranog punomasnog kokosovog mlijeka
- 1 veliko jaje
- 2 žlice javorovog sirupa
- 1 žličica ekstrakta vanilije
- ½ šalice sitno narezanog ananasa

## UPUTE:
a) Dodajte brašno, prašak za pecivo i sodu bikarbonu u zdjelu i umutite da se sjedini.

b) U drugoj posudi umutite jogurt, kokosovo mlijeko, jaje, javorov sirup i vaniliju dok se dobro ne sjedine.

c) Dodajte mokre sastojke suhim sastojcima i miješajte dok se temeljito ne sjedine.

d) Kad se sve izmiješa, umiješajte ananas.

e) Ostavite tijesto da odstoji 2 do 3 minute. To omogućuje da se svi sastojci sjedine i daje tijestu bolju konzistenciju.

f) Neprianjajuću tavu ili rešetku obilno poprskajte biljnim uljem i zagrijte na srednjoj vatri.

g) Kad se tava zagrije, dodajte tijesto pomoću mjerne posude od ¼ šalice i ulijte tijesto u tavu da napravite palačinku. Pomoću mjerne posude oblikujte palačinku.

h) Pecite dok se stranice ne stvrdnu i dok se u sredini ne stvore mjehurići (oko 2 do 3 minute), zatim okrenite palačinku.

i) Kad je palačinka s te strane pečena, maknite je s vatre i stavite je na tanjur.

j) Nastavite ove korake s ostatkom tijesta.

## 35. Palačinke od banane i borovnice

**SASTOJCI:**
- 1 šalica speltinog brašna
- ½ žličice praška za pecivo
- ½ žličice sode bikarbone
- 1 zrela srednja banana, zgnječena
- ¾ šalice običnog grčkog jogurta
- ¼ šalice + 2 žlice 2% nemasnog mlijeka
- 1 veliko jaje
- 2 žlice javorovog sirupa
- ½ šalice borovnica

**UPUTE:**

a) Dodajte brašno, prašak za pecivo i sodu bikarbonu u zdjelu i umutite da se sjedini.

b) U drugoj posudi umutite zgnječenu bananu, jogurt, mlijeko, jaje i javorov sirup dok se ne sjedine.

c) Dodajte mokre sastojke suhim sastojcima i miješajte dok se temeljito ne sjedine.

d) Pažljivo umiješajte borovnice.

e) Ostavite tijesto da odstoji 2 do 3 minute. To omogućuje da se svi sastojci sjedine i daje tijestu bolju konzistenciju.

f) Neprianjajuću tavu ili rešetku obilno poprskajte biljnim uljem i zagrijte na srednjoj vatri.

g) Kad se tava zagrije, dodajte tijesto pomoću mjerne posude od ¼ šalice i ulijte tijesto u tavu da napravite palačinku. Pomoću mjerne posude oblikujte palačinku.

h) Pecite dok se stranice ne stvrdnu i dok se u sredini ne stvore mjehurići (oko 2 do 3 minute), zatim okrenite palačinku.

i) Kad je palačinka s te strane pečena, maknite je s vatre i stavite je na tanjur.

j) Nastavite ove korake s ostatkom tijesta.

## 36. Palačinke od banane od jagoda

**SASTOJCI:**
- 1 šalica speltinog brašna
- ½ žličice praška za pecivo
- ½ žličice sode bikarbone
- ¾ šalice običnog grčkog jogurta
- 1 zrela srednja banana, zgnječena
- ½ šalice + 2 žlice 2% nemasnog mlijeka
- 1 veliko jaje
- 2 žlice javorovog sirupa
- ¾ šalice narezanih jagoda

**UPUTE:**

a) Dodajte brašno, prašak za pecivo i sodu bikarbonu u zdjelu i umutite da se sjedini.

b) U drugoj posudi umutite jogurt, zgnječenu bananu, mlijeko, jaje i javorov sirup dok se ne sjedine.

c) Dodajte mokre sastojke suhim sastojcima i miješajte dok se temeljito ne sjedine.

d) Pažljivo umiješajte jagode.

e) Ostavite tijesto da odstoji 2 do 3 minute. To omogućuje da se svi sastojci sjedine i daje tijestu bolju konzistenciju.

f) Neprianjajuću tavu ili rešetku obilno poprskajte biljnim uljem i zagrijte na srednjoj vatri.

g) Kad se tava zagrije, dodajte tijesto pomoću mjerne posude od ¼ šalice i ulijte tijesto u tavu da napravite palačinku. Pomoću mjerne posude oblikujte palačinku.

h) Pecite dok se stranice ne stvrdnu i dok se u sredini ne stvore mjehurići (oko 2 do 3 minute), zatim okrenite palačinku.

i) Kad je palačinka s te strane pečena, maknite je s vatre i stavite je na tanjur.

j) Nastavite ove korake s ostatkom tijesta.

### 37. Palačinke od medenjaka

**SASTOJCI:**
**PRELJEVI:**
- ¼ šalice običnog grčkog jogurta
- 1 žlica javorovog sirupa

**PALAČINKE**
- 1 šalica speltinog brašna
- 1 žličica sode bikarbone
- 1 žličica mljevenog đumbira
- 1 žličica mljevene pimente
- 1 žličica cimeta
- ¼ žličice mljevenog klinčića
- ¼ žličice soli
- 1 veliko jaje
- ½ šalice 2% mlijeka s niskim udjelom masnoće
- 3 žlice javorovog sirupa
- 1 žličica ekstrakta vanilije

**UPUTE:**
a) Pomiješajte grčki jogurt i javorov sirup dok se dobro ne sjedine i ostavite sa strane.
b) U veliku zdjelu dodajte speltino brašno, sodu bikarbonu, đumbir, piment, cimet, klinčiće i sol te promiješajte da se sve dobro sjedini.
c) U drugoj posudi umutite jaje, mlijeko, javorov sirup i vaniliju dok se dobro ne sjedine.
d) Dodajte mokre sastojke suhim sastojcima i miješajte dok se temeljito ne sjedine.
e) Ostavite tijesto da odstoji 2 do 3 minute. To omogućuje da se svi sastojci sjedine i daje tijestu bolju konzistenciju.
f) Neprianjajuću tavu ili rešetku obilno poprskajte biljnim uljem i zagrijte na srednjoj vatri.
g) Kad se tava zagrije, dodajte tijesto pomoću mjerne posude od ¼ šalice i ulijte tijesto u tavu da napravite palačinku.
h) Kuhajte dok se stranice ne stvrdnu i dok se u sredini ne stvore mjehurići.
i) Kad je palačinka s te strane pečena, maknite je s vatre i stavite je na tanjur.
j) Nastavite ove korake s ostatkom tijesta. Poslužite uz jogurt.

# SMOOTHIEJI I SMOOTHIE ZDJELICE

38. Zdjela za smoothie od grčkog jogurta Biscoff

**SASTOJCI:**
- 2 zrele banane, smrznute
- ¼ šalice grčkog jogurta
- 2 žlice Biscoff namaza
- ½ šalice mlijeka (mliječnog ili biljnog)
- Dodaci: Biscoff mrvice od keksa, narezane banane, granola, nasjeckani kokos, bobičasto voće itd.

**UPUTE:**
a) U blenderu pomiješajte smrznute banane, grčki jogurt, Biscoff namaz i mlijeko.
b) Miješajte dok ne postane glatko i kremasto. Ako je potrebno, dodajte još mlijeka kako biste postigli željenu gustoću.
c) Ulijte smoothie u zdjelu i pospite ga mrvicama Biscoff keksa, narezanim bananama, granolom, nasjeckanim kokosom, bobičastim voćem ili bilo kojim drugim nadjevom po želji.
d) Uživajte u Biscoff smoothie zdjeli sa žlicom i uživajte u ukusnoj kombinaciji okusa i tekstura.

## 39.Jack Daniel's Smoothie od borovnice

**SASTOJCI:**
- 1 šalica smrznutih borovnica
- ½ šalice grčkog jogurta od vanilije
- ½ šalice bademovog mlijeka
- 2 žlice meda
- 1 žlica Jack Daniel's viskija
- Kocke leda

**UPUTE:**
a) Dodajte smrznute borovnice, grčki jogurt, bademovo mlijeko, med i Jack Daniel's viski u blender.
b) Miješajte dok ne postane glatko.
c) Dodajte kockice leda i ponovno miješajte dok ne postignete željenu konzistenciju.
d) Ulijte u čašu i odmah poslužite.

## 40.Jack Daniel's čokoladni smoothie

**SASTOJCI:**
- 1 smrznuta banana
- ½ šalice običnog grčkog jogurta
- ½ šalice bademovog mlijeka
- 2 žlice meda
- 1 žlica Jack Daniel's viskija
- 1 žlica kakaa u prahu
- Kocke leda

**UPUTE:**
a) U blender dodajte smrznutu bananu, grčki jogurt, bademovo mlijeko, med, Jack Daniel's viski i kakao prah.
b) Miješajte dok ne postane glatko.
c) Dodajte kockice leda i ponovno miješajte dok ne postignete željenu konzistenciju.
d) Ulijte u čašu i odmah poslužite.

### 41. Honeycomb Candy zdjela za jogurt

**SASTOJCI:**
- 1 šalica grčkog jogurta
- 2 žlice meda
- ¼ šalice bombona u obliku saća, zgnječenog
- Svježe voće za preljev

**UPUTE:**
a) U posudi pomiješajte grčki jogurt i med.
b) Preko jogurta pospite zdrobljene bombone.
c) Prelijte svježim voćem.
d) Dobro promiješajte i uživajte u ovoj divnoj zdjelici od jogurta s medom.

## 42. Cornflake-Berry Smoothie Bowl

**SASTOJCI:**
- 1 zrela banana, smrznuta
- 1 šalica miješanog bobičastog voća (kao što su jagode, borovnice ili maline)
- ½ šalice grčkog jogurta
- ¼ šalice mlijeka
- ¼ šalice zdrobljenih kukuruznih pahuljica
- Svježe bobičasto voće, narezana banana i drugi dodaci po želji

**UPUTE:**
a) U blenderu pomiješajte smrznutu bananu, miješano bobičasto voće, grčki jogurt i mlijeko.
b) Miješajte dok ne postane glatko i kremasto.
c) Ulijte smoothie u posudu.
d) Po vrhu pospite zdrobljene kukuruzne pahuljice.
e) Dodajte svježe bobičasto voće, narezane banane i bilo koje druge dodatke po želji, poput granole ili orašastih plodova.
f) Uživajte odmah sa žlicom.

## 43.Hibiskus Smoothie Bowl

**SASTOJCI:**
- 1 smrznuta banana
- ½ šalica smrznutog bobičastog voća (kao što su jagode, maline ili borovnice)
- ¼ šalica čaja od hibiskusa (jako kuhanog i ohlađenog)
- ¼ šalica grčkog jogurta ili biljnog jogurta
- 1 žlica chia sjemenki
- Dodaci: narezano voće, granola, ljuskice kokosa, orašasti plodovi itd.

**UPUTE:**
a) U blenderu pomiješajte smrznutu bananu, smrznuto bobičasto voće, čaj od hibiskusa, grčki jogurt i chia sjemenke.
b) Miješajte dok ne postane glatko i kremasto. Ako je potrebno, dodajte još malo čaja od hibiskusa ili vode kako biste postigli željenu gustoću.
c) Ulijte smoothie u posudu.
d) Prelijte narezanim voćem, granolom, kokosovim pahuljicama, orašastim plodovima ili bilo kojim drugim nadjevom po želji.
e) Uživajte u osvježavajućem i živopisnom smoothieju od hibiskusa kao hranjivom doručku.

## 44.Jack Daniel's Smoothie od breskve

**SASTOJCI:**
- 1 šalica smrznutih breskvi
- ½ šalice običnog grčkog jogurta
- ½ šalice bademovog mlijeka
- 2 žlice meda
- 1 žlica Jack Daniel's viskija
- Kocke leda

**UPUTE:**
a) Dodajte smrznute breskve, grčki jogurt, bademovo mlijeko, med i Jack Daniel's viski u blender.
b) Miješajte dok ne postane glatko.
c) Dodajte kockice leda i ponovno miješajte dok ne postignete željenu konzistenciju.
d) Ulijte u čašu i odmah poslužite.

## 45.Smoothie od jagoda

**SASTOJCI:**
- 1 šalica smrznutih jagoda
- ½ šalice grčkog jogurta od vanilije
- ½ šalice bademovog mlijeka
- 2 žlice meda
- 1 žlica Jack Daniel's viskija
- Kocke leda

**UPUTE:**
a) Dodajte smrznute jagode, grčki jogurt, bademovo mlijeko, med i Jack Daniel's viski u blender.
b) Miješajte dok ne postane glatko.
c) Dodajte kockice leda i ponovno miješajte dok ne postignete željenu konzistenciju.
d) Ulijte u čašu i odmah poslužite.

## 46. Kahlua Smoothie

**SASTOJCI:**
- 1 zrela banana
- ½ šalice grčkog jogurta
- ¼ šalice Kahlue
- ¼ šalice mlijeka (ili nemliječne alternative)
- 1 žlica meda
- 1 šalica kockica leda

**UPUTE:**
a) U blenderu pomiješajte bananu, grčki jogurt, Kahlua, mlijeko, med i kockice leda.
b) Miješajte dok ne postane glatko i kremasto.
c) Ulijte Kahlua smoothie u čašu i uživajte u njemu kao osvježavajućem napitku za doručak.

## 47. Smoothie od mente i jagode

**SASTOJCI:**
- 1 banana
- 1 šalica smrznutih jagoda
- ¼ šalice svježih listova mente
- ½ šalice nezaslađenog mlijeka od vanilije i badema
- ½ šalice grčkog jogurta
- 1 žlica meda

**UPUTE:**
a) U blenderu pomiješajte bananu, smrznute jagode, listiće mente, bademovo mlijeko, grčki jogurt i med.
b) Miješajte dok ne postane glatko.
c) Ulijte u čašu i odmah poslužite.
d) Uživati!

## 48.Kremasti američki smoothie od sira

**SASTOJCI:**
- 1 šalica mlijeka
- ½ šalice običnog grčkog jogurta
- 1 banana
- ¼ šalice ribanog američkog sira
- 1 žličica meda

**UPUTE:**
a) U blenderu pomiješajte mlijeko, grčki jogurt, bananu, naribani američki sir i med.
b) Miješajte dok ne postane glatko i kremasto.
c) Poslužite u visokoj čaši i uživajte.

## 49.Smoothie od radosti od badema

**SASTOJCI:**
- ½ šalica nezaslađenog bademovog mlijeka
- ½ šalica grčkog jogurta od vanilije
- ¼ šalica amaretta
- ¼ šalica nezaslađenog nasjeckanog kokosa
- 1 banana, smrznuta
- led

**UPUTE:**
a) Dodajte bademovo mlijeko, grčki jogurt, amaretto, nasjeckani kokos i smrznutu bananu u blender i miksajte dok smjesa ne postane glatka.
b) Dodajte led u blender i ponovno miksajte dok smoothie ne postane gust i kremast.
c) Ulijte smoothie u čašu i odmah poslužite.

## 50. Black forest smoothie

## SASTOJCI:
### PRIPREMITI
- 1 (16 unci) vrećica smrznutih slatkih trešanja bez koštica
- 2 šalice mladog špinata
- 2 žlice kakaa u prahu
- 1 žlica chia sjemenki

### SERVIRATI
- 1 šalica nezaslađenog čokoladnog bademovog mlijeka
- ¾ šalice vanilije 2% grčkog jogurta
- 3 žličice javorovog sirupa
- 1 žličica ekstrakta vanilije

## UPUTE:
a) Pomiješajte trešnje, špinat, kakao prah i chia sjemenke u velikoj zdjeli. Podijelite u 4 ziplock vrećice za zamrzavanje. Zamrznite do mjesec dana, dok ne budete spremni za posluživanje.

b) DA NAPRAVITE JEDNU PORCIJU: Stavite sadržaj jedne vrećice u blender i dodajte ¼ šalice bademovog mlijeka, 3 žlice jogurta, ¾ žličice javorovog sirupa i ¼ žličice vanilije. Miješajte dok ne postane glatko. Poslužite odmah.

## 51.Zdjela za jogurt od zmajevog voća i granole

**SASTOJCI:**
- 1 zmajevo voće
- 1 šalica grčkog jogurta
- ½ šalice granole
- 1 žlica meda

**UPUTE:**
a) Dragon fruit prerežite na pola i izdubite meso.
b) U posudi pomiješajte grčki jogurt i med.
c) U zasebnu zdjelu rasporedite meso zmaja, mješavinu grčkog jogurta i granolu.
d) Ponavljajte slojeve dok ne potrošite sve sastojke.
e) Poslužite ohlađeno.

## 52.Smoothie od bobičastog zmajevog voća

## SASTOJCI:
**SMOOTHIE:**
- 1 šalica smrznutih malina
- 1 ¾ šalice smrznutog ružičastog zmajevog voća (200 grama)
- ½ šalice smrznutih kupina
- 5,3 unce grčkog jogurta od jagoda (150 grama)
- 2 žlice chia sjemenki
- 1 žličica soka od limete (½ limete)
- 1 žličica naribanog đumbira
- 1 šalica nezaslađenog bademovog mlijeka ili mlijeka po izboru

**UKRASI PO IZBORU:**
- Chia sjemenke
- bobice

## UPUTE:
a) Dodajte maline, dragon fruit, kupine, jogurt, chia sjemenke, limetu i đumbir u posudu blendera. Dodajte bademovo mlijeko, poklopite i miješajte na visokoj razini dok smjesa ne postane glatka.

b) Zastanite i po potrebi lopaticom ostružite stranice posude. Ako je smoothie pregust, ulijte onoliko bademovog mlijeka koliko je potrebno da postignete željenu gustoću.

c) Ulijte smoothie u čašu i po želji dodajte dodatne chia sjemenke i bobičasto voće.

### 53.Klasični Nutella smoothie

**SASTOJCI:**
- 6 tekućih unci mlijeka s niskim udjelom masnoće
- 2 žlice Nutelle
- 6 unci običnog grčkog jogurta bez masti
- 1 banana, narezana na ploške
- 4 svježe jagode

**UPUTE:**
a)   Stavite sve navedene sastojke u blender i miksajte dok ne dobijete glatku smjesu.

## 54. Malina Nutella Smoothies

**SASTOJCI:**
- 2 šalice smrznutih malina
- 1 velika banana
- 15,3 unce grčkog jogurta od malina
- ½ šalice mlijeka
- 2 šalice sladoleda od vanilije
- ¼ šalice Nutelle
- ½ šalice svježih malina – očišćenih i osušenih tapkanjem
- Ghirardelli napolitanke za topljenje čokolade

**UPUTE:**
a) Svježe maline umočite u otopljenu čokoladu. Stavite u hladnjak.
b) Ručnim mikserom izmiksajte sladoled od vanilije i Nutellu dok ne postanu kremasti. Stavite u zamrzivač.
c) Mikserom izmiksajte smrznute maline, banane, grčki jogurt i mlijeko.
d) Za sastavljanje stavite slojeve izmiksanih malina, zatim sladoled/Nutellu i na vrh stavite preostale izmiksane maline.
e) Poslužite odmah s par malina prelivenih čokoladom.

## 55.Açaí zdjela s breskvama i mikrozelenjem

**SASTOJCI:**
- ½ šalice mikrozelenog kupusa
- 1 smrznuta banana
- 1 šalica smrznutog crvenog bobičastog voća
- 4 žlice Açaí praha
- ¾ šalice bademovog ili kokosovog mlijeka
- ½ šalice običnog grčkog jogurta
- ¼ žličice ekstrakta badema

**UKRASITI:**
- Pržene kokosove pahuljice
- Svježe kriške breskve
- Granola ili prženi orašasti plodovi/sjemenke
- Preliti medom

**UPUTE:**
a) Pomiješajte mlijeko i jogurt u velikom blenderu velike brzine. Dodajte smrznuto voće Açaí, mikrozelenje kupusa i ekstrakt badema.
b) Nastavite miksati na niskoj razini dok smjesa ne postane glatka, dodajući još tekućine samo ako je potrebno. Treba biti GUSTO i kremasto, kao sladoled!
c) Podijelite smoothie u dvije zdjelice i prelijte ga svim svojim omiljenim dodacima.

## 56. Pavlova zdjela za kvinoju

**SASTOJCI:**
- 1 šalica kuhane kvinoje
- ½ šalice običnog grčkog jogurta
- 1 žlica meda
- 1 mini školjka Pavlova, izmrvljena
- ¼ šalice miješanog bobičastog voća
- ¼ šalice narezanih badema

**UPUTE:**
a) U zdjeli pomiješajte kuhanu kvinoju, grčki jogurt i med.
b) Na vrh smjese kvinoje stavite izmrvljenu mini Pavlovu školjku.
c) Na vrh dodajte izmiješano bobičasto voće i narezane bademe.
d) Poslužite odmah.

## 57. Ube i posuda za banane

**SASTOJCI:**
- 1 banana, zgnječena
- 3 žlice ube halaya, podijeljene
- 1/4 šalice starinske valjane zobi
- 1/4 šalice svježeg mlijeka
- 1 žlica chia sjemenki
- 1/2 žlice maka
- 2 žlice grčkog jogurta
- 1/2 žličice arome vanilije
- 1 žlica meda
- komadići čokolade, za preljev
- prženi kikiriki, nasjeckani, za preljev
- brzotopivi sir naribani za preljev
- 1 kap arome ube, ili po ukusu

**UPUTE:**
a) Zgnječite bananu. Pomiješajte 1 žlicu ube halaya i aromu ube ako koristite. Dodajte starinske zobene pahuljice, mlijeko, chia sjemenke, mak, grčki jogurt, vaniliju i med.
b) Miješajte smjesu dok se dobro ne sjedini.
c) U tegli ili staklenoj čaši razmažite preostale ube halaya po stranicama čaše.
d) Napunite čašu mješavinom zobi. Dodajte preljeve po želji. Pokrijte i ostavite u hladnjaku preko noći.
e) Sljedećeg jutra dodajte još svježeg mlijeka prije jela.

# GLICASE I PREDJELA

## 58. Pereci preliveni grčkim jogurtom

**SASTOJCI:**
- Šipke za perece ili zavoje za perece
- grčki jogurt (obični ili s okusom)
- Posipi ili šećer u boji (po želji)

**UPUTE:**
a) Lim za pečenje obložite papirom za pečenje.
b) Umočite perece u grčki jogurt i premažite ih do pola.
c) Prezle prelivene jogurtom stavite na pripremljeni lim za pečenje.
d) Po želji jogurtni premaz posuti posipom ili šećerom u boji.
e) Lim za pečenje stavite u hladnjak na 30-ak minuta ili dok se jogurt ne stvrdne.
f) Kad se stvrdnu, spakirajte perece prelivene jogurtom u kutiju za ručak.

## 59. Popečci od začinskog bilja s umakom od marelice od jogurta

**SASTOJCI:**
- 3 jaja; lagano tučen
- 150 grama mozzarelle; naribana
- 85 grama svježe naribanog parmezana
- 125 grama svježih krušnih mrvica
- ½ crvenog luka; sitno nasjeckan
- ¼ žličice pahuljica crvenog čilija
- 2 žlice svježeg mažurana
- 2 žlice grubo nasjeckanog vlasca
- 5 žlica nasjeckanog pljosnatog peršina
- 1 šaka listova rukole; grubo nasjeckan
- 1 šaka mladog lišća špinata; nasjeckana
- Sol i papar i suncokretovo ulje
- Tuca grčkog jogurta od 500 grama
- 12 Gotove suhe marelice; sitno nasjeckan
- 2 češnja češnjaka i nasjeckana svježa menta

**UPUTE:**
a)   Miksajte sastojke za popeč, osim ulja i maslaca, dok ne postanu gusti i prilično čvrsti. Povezati s krušnim mrvicama ako je vlažno.
b)   Sastojke za umak pomiješajte neposredno prije upotrebe.
c)   U tavu za prženje ulijte 1 cm/½" ulja, dodajte maslac i zagrijte dok ne postane maglovito.
d)   Oblikujte popečke ovalnog oblika, čvrsto pritiskajući rukom da se stisnu.
e)   Pržite na ulju 2-3 minute dok ne porumene.

## 60. Limun krafne s pistacijama

## SASTOJCI:
### ZA KRAFNE:
- Neljepljivi sprej za kuhanje
- ½ šalice granuliranog šećera
- Naribana korica i sok 1 limuna
- 1 ½ šalice višenamjenskog brašna
- ¾ žličice praška za pecivo
- ¼ žličice sode bikarbone
- ¼ žličice soli
- ⅓ šalice mlaćenice
- ⅓ šalice punomasnog mlijeka
- 6 žlica neslanog maslaca, na sobnoj temperaturi
- 1 jaje
- 2 žličice ekstrakta vanilije

### ZA GLAZURU
- ½ šalice običnog grčkog jogurta ili drugog punomasnog mliječnog jogurta
- Naribana korica 1 limuna
- ¼ žličice soli
- 1 šalica slastičarskog šećera
- ½ šalice prženih pistacija, nasjeckanih

## UPUTE:
a) Za izradu krafni prethodno zagrijte pećnicu na 375°F.

b) Premažite udubine posude za krafne neljepljivim sprejom za kuhanje.

c) U maloj posudi pomiješajte granulirani šećer i koricu limuna. Vrhovima prstiju utrljajte koricu u šećer. U drugoj zdjeli pomiješajte brašno, prašak za pecivo, sodu bikarbonu i sol. U posudi za mjerenje pomiješajte mlaćenicu, punomasno mlijeko i limunov sok.

d) U zdjeli samostojećeg miksera opremljenog nastavkom s lopaticom, tucite zajedno smjesu šećera i maslaca na srednjoj brzini dok ne postane svijetlo i pjenasto, oko 2 minute. Ostružite stijenke zdjele. Dodajte jaje i vaniliju i tucite srednjom brzinom dok se ne sjedini, oko 1 minutu.

e) Na niskoj brzini dodajte smjesu brašna u 3 dijela, naizmjenično s mješavinom mlijeka te počevši i završavajući s brašnom. Tucite svaki dodatak dok se ne sjedini.

f) Ulijte 2 žlice. tijesto u svaku pripremljenu jažicu. Pecite, okrećući posudu za 180 stupnjeva na pola pečenja, dok čačkalica zabodena u krafne ne izađe čista, oko 10 minuta. Pustite da se ohlade u tavi na rešetki 5 minuta, zatim preokrenite krafne na rešetku i ostavite da se potpuno ohlade. U međuvremenu operite i osušite tavu i ponovite da ispečete preostalo tijesto.

g) Za glazuru, u zdjeli pomiješajte jogurt, limunovu koricu i sol. Dodajte slastičarski šećer i miješajte dok smjesa ne postane glatka i dobro izmiješana. Umočite krafne gornjom stranom prema dolje u glazuru, pospite pistaćima i poslužite.

## 61.Tiramisu proteinske pločice

## SASTOJCI:
**BAZA:**
- ⅓ šalice zobenog brašna
- 1 list Graham krekera, drobljeni
- ½ mjerice proteinskog praha vanilije
- ½ mjerice proteinskog praha bez okusa
- 2 žlice kokosovog brašna
- ¼ šalice nezaslađenog bademovog mlijeka

**KARAMELA OD KAVE:**
- 2 žlice maslaca od kikirikija u prahu
- 1 žlica + 1 žličica maslaca od indijskih oraščića
- 1½ žlice proteinskog praha vanilije
- 1½ žlice proteinskog praha bez okusa
- 1½ čajna žličica instant kave
- ¾ žlice javorovog sirupa
- ¾ žlice vode
- ⅛ žličice ekstrakta vanilije

**KREMASTI SIR:**
- 6 žlica nemasnog grčkog jogurta
- 3 unce krem sira sa smanjenom masnoćom
- ½ mjerice proteina vanilije u prahu, sirutke i kazeina
- 2 žlice kokosovog brašna
- Kakao prah za posipanje

## UPUTE:
a) Obložite kalup za pečenje papirom za pečenje; ostavite prevjes koji ćete kasnije podići.
b) Zagrijte pećnicu na 350°F.

**BAZA:**
a) U procesoru hrane pomiješajte zobeno brašno, zdrobljeni graham kreker, proteinski prah vanilije, proteinski prah bez okusa i kokosovo brašno.
b) Prebacite u zdjelu, dodajte bademovo mlijeko i promiješajte.
c) Smjesa treba biti gusta ali malo ljepljiva kao tijesto.
d) Prebacite u pripremljenu posudu i pritisnite.
e) Pecite 10 minuta, zatim ostavite da se ohladi oko 10 minuta:

**KARAMELA OD KAVE:**
a) U istoj zdjeli pomiješajte maslac od kikirikija u prahu, maslac od badema, proteinski prah vanilije, proteinski prah bez okusa, instant kavu, javorov sirup, vodu i vaniliju.
b) Rasporedite po osnovnom sloju i zagladite stražnjom stranom žlice.

**PROTEINSKI KREM SIR:**
a) U zdjeli pomiješajte omekšali krem sir, grčki jogurt, proteinski prah i kokosovo brašno.
b) Rasporedite po bazi.
c) Premjestite u zamrzivač da se ohladi oko 5-10 minuta.
d) Pospite kakaom u prahu, izrežite na 8 kriški i poslužite.

## 62. Tiramisu muffini

## SASTOJCI:
### MUFFINI
- 2 šalice višenamjenskog brašna
- 2 žlice kakaa u prahu
- 1 žlica praška za pecivo
- 3 žlice espresso praha
- 10 žlica neslanog maslaca, omekšalog
- 1 šalica ekstra finog granuliranog šećera
- 2 jaja
- ½ šalice mascarponea
- ½ šalice običnog grčkog jogurta
- 1 šalica mlijeka

### PRELJEV
- 2 žlice kakaa u prahu

## UPUTE:
a) Zagrijte pećnicu na 375°F. Kalup za muffine obložite papirnatim podlogama i ostavite sa strane.
b) U velikoj zdjeli pomiješajte brašno, kakao, prašak za pecivo i prašak za espresso.
c) U zdjeli miksera tucite zajedno maslac i šećer dok ne postanu svijetli i pjenasti. Po potrebi ostružite stijenke zdjele.
d) Dodajte jedno po jedno jaje, dobro umutite nakon svakog dodavanja.
e) Tucite mascarpone i grčki jogurt dok se potpuno ne sjedine. Naizmjenično mijenjajte mješavinu brašna i mlijeka i dobro promiješajte.
f) Napunite kalupe za muffine do ¾ visine i pecite 25-30 minuta ili dok čačkalica ubodena u sredinu ne izađe čista.
g) Odozgo pospite kakaom u prahu.

## 63. Špinat i feta krafne

**SASTOJCI:**
- 1 šalica višenamjenskog brašna
- ½ šalice integralnog pšeničnog brašna
- ½ šalice nasjeckanog svježeg špinata
- ½ šalice izmrvljenog feta sira
- ⅓ šalice mlijeka
- ⅓ šalice običnog grčkog jogurta
- ¼ šalice maslinovog ulja
- 1 žličica praška za pecivo
- ½ žličice sode bikarbone
- ¼ žličice soli
- 2 češnja češnjaka, mljevena
- ¼ žličice crnog papra

**UPUTE:**
a) Zagrijte pećnicu na 350°F (180°C).
b) U velikoj zdjeli pomiješajte brašno, prašak za pecivo, sodu bikarbonu, sol i crni papar.
c) U drugoj zdjeli pomiješajte nasjeckani špinat, izmrvljeni feta sir, mlijeko, grčki jogurt, maslinovo ulje, nasjeckani češnjak.
d) Dodajte mokre sastojke suhim sastojcima i miješajte dok se ne sjedine.
e) Žlicom stavite tijesto u podmazan kalup za krafne i pecite 12-15 minuta, ili dok čačkalica zabodena u sredinu ne izađe čista.
f) Ostavite da se ohladi u tavi 5 minuta prije nego što je izvadite na rešetku da se potpuno ohladi.

## 64. Glazirane pahuljaste čokoladne krafne

**SASTOJCI:**
- 1 ¾ šalice brašna
- 1 ½ žličice praška za pecivo
- ½ žličice soli
- 1 žličica cimeta
- 1 žličica začina od bundeve
- 2 žlice kokosovog ulja ili biljnog ulja
- ⅓ šalice grčkog jogurta od vanilije
- ½ šalice svijetlo smeđeg šećera
- 1 jaje
- 2 žličice Baileysa ili vanilije
- ¾ šalice konzervirane bundeve
- ½ šalice mlijeka od vanilije i badema

**BAILEYS GLAZURA**
- 2 šalice slastičarskog šećera u prahu
- 3 čepa Baileysa
- 1 žlica vanilije i bademovog mlijeka

**UPUTE:**
a) Prethodno zagrijte pećnicu na 350°F. Pošpricajte posudu za krafne neljepljivim sprejom i ostavite sa strane.
b) U zdjeli pomiješajte brašno, prašak za pecivo, sol i začine i ostavite sa strane.
c) U velikoj zdjeli pomiješajte ulje, grčki jogurt, smeđi šećer, jaje, vaniliju, bundevino i bademovo mlijeko dok se ne sjedine. Polako dodajte suhe sastojke u smjesu i miješajte dok se ne sjedine, pazeći da se ne izmiješaju previše ili će krafne biti žilave i žvakaće.
d) Koristeći slastičarsku vrećicu ili plastičnu vrećicu s odrezanim kutom, izlijte tijesto u svaku šalicu za krafne, otprilike ⅔ punu, ali ne prelijevajući se.
e) Pecite 11 - 13 minuta, dok krafne ne poskoče kada se lagano pritisnu. Okrenite krafne na rešetku i ostavite da se potpuno ohlade.
f) Dok se krafne hlade napravite Baileys glazuru.

**BAILEYS GLAZURA**
g) Pomiješajte sve sastojke u maloj posudi i miksajte dok ne postane glatko.
h) Nakon što se krafne potpuno ohlade, vrh svake krafne umočite u glazuru i vratite na rešetku.

## 65.Pop-Tarts za fritezu

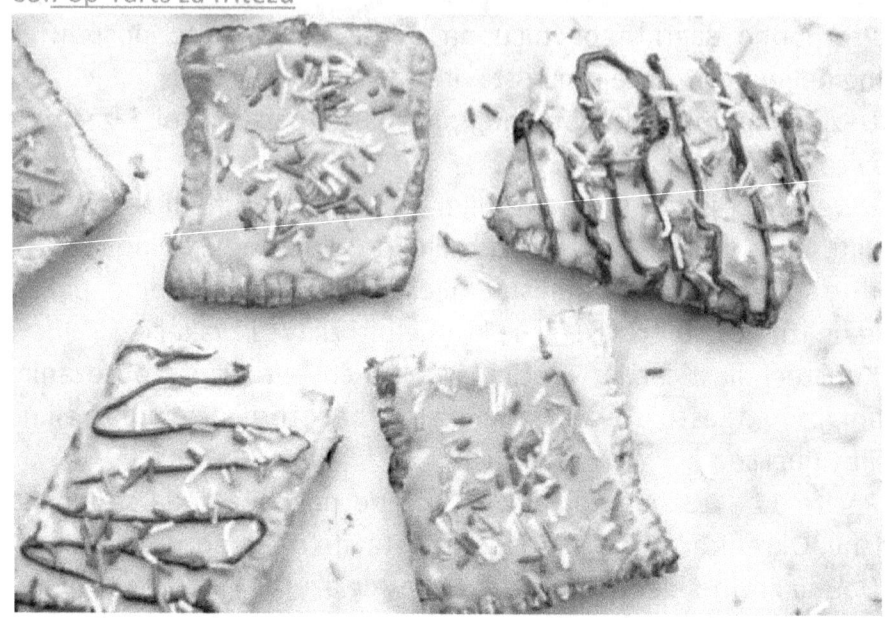

## SASTOJCI:
**POPTARTS**
- 2 šalice samodizajućeg brašna
- 2 šalice grčkog jogurta
- Džem od jagoda
- Nutella
- 1 banana

**GLAZURA:**
- ½ šalice šećera u prahu
- 1 žlica vrhnja
- 1 žličica vanilije
- Crvena prehrambena boja
- 1 žlica tople vode
- Nutella
- Dugine prskalice

## UPUTE:
a) Započnite miješanjem brašna i grčkog jogurta da napravite svoje tijesto. Mijesite dok ne dobijete kuglu, zatim je razvaljajte na pobrašnjenoj površini i izrežite na 16 pravokutnika.

b) Za vaše kolače od jagoda dodajte nekoliko žličica džema od jagoda na 4 pravokutnika. Pokrijte drugim pravokutnikom i stisnite strane viljuškom.

c) Za Nutella pop tortice dodajte nekoliko žličica Nutelle na 4 pravokutnika i nekoliko tankih kriški banana. Pokrijte drugim pravokutnikom i stisnite strane viljuškom.

d) Pržite na zraku na 400 oko 8-10 minuta. Provjerite na pola puta i okrenite.

e) Kako biste napravili glazuru od jagoda, pomiješajte ¼ šalice šećera u prahu, vrhnje, vaniliju i kap prehrambene boje. Kad se pomiješa, rasporedite po kolačićima i posipajte.

f) Za završetak Nutella pop tartova pomiješajte ostatak šećera u prahu i toplu vodu. Zatim ga rasporedite po kolačićima.

g) Pustite da se glazura malo stegne i spremni su za posluživanje!

# UMOCI

66.Limoncello umak od grčkog jogurta

**SASTOJCI:**
- 1 šalica grčkog jogurta
- 2 žlice Limoncello likera
- Korica od 1 limuna
- 1 žlica meda (po želji)
- Razno svježe voće, kolačići ili krekeri za umakanje

**UPUTE:**

a) U zdjeli pomiješajte grčki jogurt, limunčelo, koricu limuna i med (po želji). Miješajte dok se dobro ne sjedini.

b) Stavite umak u hladnjak na najmanje 30 minuta kako bi se okusi stopili.

c) Poslužite Limoncello umak od jogurta sa svježim voćem, keksima ili krekerima za umakanje.

d) Uživajte u kremastom i pikantnom umaku s daškom limunčela.

# 67. Kutija za ručak umak od jogurta od jagoda

**SASTOJCI:**
- 1 šalica grčkog jogurta
- ½ šalice pasiranih jagoda
- 1 žlica meda ili javorovog sirupa
- ½ žličice ekstrakta vanilije

**UPUTE:**

a) U zdjeli pomiješajte grčki jogurt, pasirane jagode, med ili javorov sirup i ekstrakt vanilije.

b) Dobro izmiješajte dok ne postane glatko i dobro sjedinjeno.

c) Spakirajte zdravi umak od jogurta od jagode u malu posudu zajedno sa svježim voćem ili krekerima od cjelovitog zrna za umakanje.

68.Ranch dip

**SASTOJCI:**
- 1 šalica majoneze
- ½ šalice običnog grčkog jogurta
- 1½ žličice sušenog vlasca
- 1½ žličice sušenog peršina
- 1½ žličice sušenog kopra
- ¾ žličice granuliranog češnjaka
- ¾ žličice zrnatog luka
- ½ žličice soli
- ¼ žličice crnog papra

**UPUTE:**
a) Pomiješajte sve sastojke u maloj posudi.
b) Ostavite da odstoji u hladnjaku 30 minuta prije posluživanja.

### 69.Umak od češnjaka i slanine

## SASTOJCI:

- 8 kriški slanine bez dodanog šećera
- 2 šalice nasjeckanog špinata
- 1 (8 unci) pakiranje krem sira, omekšalog
- ¼ šalice punomasnog kiselog vrhnja
- ¼ šalice običnog punomasnog grčkog jogurta
- 2 žlice nasjeckanog svježeg peršina
- 1 žlica soka od limuna
- 6 češnjeva pečenog češnjaka, zgnječenog
- 1 žličica soli
- ½ žličice crnog papra
- ½ šalice ribanog parmezana

## UPUTE:

a) Zagrijte pećnicu na 350°F.
b) Pecite slaninu u srednjoj tavi na srednjoj vatri dok ne postane hrskava. Slaninu izvadite iz tave i odložite na tanjur obložen papirnatim ručnicima.
c) U vruću tavu dodajte špinat i kuhajte dok ne uvene. Maknite s vatre i ostavite sa strane.
d) U srednje veliku zdjelu dodajte krem sir, kiselo vrhnje, jogurt, peršin, limunov sok, češnjak, sol i papar i tucite ručnim mikserom dok se ne sjedini.
e) Slaninu grubo nasjeckajte i umiješajte u smjesu od krem sira. Umiješajte špinat i parmezan.
f) Prebacite u tepsiju veličine 8" × 8" i pecite 30 minuta ili dok ne postane vruće i mjehurasto.

70. Umakanje tijesta za kolače od konfeta

**SASTOJCI:**
- 1 kutija smjese za kolače od vanilije
- 1 ½ šalice običnog grčkog jogurta
- 1 šalica tučenog preljeva (kao što je Cool Whip)
- ½ šalice duginih posipa
- Graham krekeri, kolačići ili voće za umakanje

**UPUTE:**
a) U zdjeli za miješanje pomiješajte smjesu za kolač od vanilije, obični grčki jogurt i tučeni preljev. Miješajte dok se dobro ne sjedini i postane glatko.
b) Nježno umiješajte dugine posipe, pazeći da ne izmiješate previše.
c) Premjestite umak u zdjelu za posluživanje i ukrasite dodatnim posipom na vrhu.
d) Poslužite s graham krekerima, keksima ili voćem za umakanje.
e) Uživajte u svečanom i divnom umaku od tijesta za tortu od konfeta!

71. Umak od hibiskusa i jogurta

**SASTOJCI:**
- 1 šalica grčkog jogurta ili biljnog jogurta
- 2 žlice sirupa od hibiskusa ili koncentrata čaja od hibiskusa
- 1 žlica meda ili zaslađivača po izboru
- Svježe voće, poput kriški jabuka, bobičastog voća ili komadića ananasa, za umakanje

**UPUTE:**
a) U zdjeli pomiješajte grčki jogurt, sirup hibiskusa ili koncentrat čaja i med dok se dobro ne sjedine.
b) Umak od hibiskusa i jogurta poslužite uz kriške ili komadiće svježeg voća.
c) Umočite voće u umak od hibiskusa i jogurta za kremasti i pikantni međuobrok.
d) Uživajte u umaku od jogurta s hibiskusom kao osvježavajućoj i hranjivoj međuobroku.

## 72. Umak od grejpa i jogurta

**SASTOJCI:**
- 1 grejpfrut, segmentirano
- 1 šalica običnog grčkog jogurta
- 1 žlica meda
- ¼ žličice mljevenog cimeta

**UPUTE:**
a) U srednjoj zdjeli za miješanje pomiješajte grčki jogurt, med i cimet.
b) Lagano preklopite segmente grejpa.
c) Poslužite s narezanim jabukama, kruškama ili krekerima.

73.Umak od mente i jogurta

**SASTOJCI:**
- 1 šalica običnog grčkog jogurta
- ¼ šalice nasjeckanih listova svježe metvice
- 1 režanj češnjaka, samljeven
- 1 žlica soka od limuna
- Posolite i popaprite po ukusu

**UPUTE:**
a) U zdjeli pomiješajte zajedno grčki jogurt, nasjeckane listove mente, nasjeckani češnjak i limunov sok dok se dobro ne sjedine.
b) Umak od mente i jogurta začinite solju i paprom po ukusu.
c) Umak od mente i jogurta poslužite kao začin uz meso s roštilja i pečeno povrće ili kao umak za čips ili povrće.

# GLAVNO JELO

## 74. Juha od crnog graha hibiskusa

**SASTOJCI:**
- 2 šalice kuhanog crnog graha
- 4 šalice juhe od povrća
- 1 šalica rajčice narezane na kockice (konzervirane ili svježe)
- ½ šalica paprike narezane na kockice
- ½ šalica luka narezanog na kockice
- 2 češnja češnjaka, mljevena
- 2 žlice maslinovog ulja
- 2 žlice čaja od hibiskusa (jako kuhanog i ohlađenog)
- 1 žličica mljevenog kima
- ½ žličica čilija u prahu
- Sol i papar, po ukusu
- Svježi cilantro za ukras
- Kiselo vrhnje ili grčki jogurt

**UPUTE:**

a) U velikom loncu zagrijte maslinovo ulje na srednje jakoj vatri. Dodajte luk nasjeckan na kockice, papriku i nasjeckani češnjak.

b) Pirjajte dok luk ne postane proziran, a paprika malo omekša.

c) U lonac dodajte kuhani crni grah, rajčicu narezanu na kockice, juhu od povrća, čaj od hibiskusa, mljeveni kumin i čili u prahu. Dobro promiješajte da se sjedini.

d) Zakuhajte smjesu, zatim smanjite vatru i kuhajte oko 15-20 minuta kako bi se okusi stopili.

e) Uranjajućim blenderom ili radnim mikserom miksajte juhu dok ne postane glatka i kremasta. Ako koristite radni blender, radite u serijama i budite oprezni pri miješanju vrućih tekućina.

f) Juhu vratite u lonac i začinite solju i paprom po ukusu. Pirjajte dodatnih 5 minuta.

g) Ulijte juhu od crnog graha prožetu hibiskusom u zdjelice i ukrasite svježim cilantrom.

h) Dodajte malo kiselog vrhnja ili grčkog jogurta.

i) Poslužite vruće s hrskavim kruhom ili tortilja čipsom.

## 75. Janjeća štruca s umakom od jogurta

## SASTOJCI:
### UMAK OD JOGURT
- 1 češanj češnjaka, sitno naribanog
- 1½ šalice običnog grčkog jogurta
- 2 žlice maslinovog ulja
- 2 žličice svježeg soka od limuna
- 2 žličice meda
- Košer soli

### MESNA ŠTRUCA I MONTAŽA
- Maslinovo ulje
- 5 mladog luka, 3 sitno nasjeckana, 2 tanko narezana dijagonalno
- 1 veliko jaje
- 2 žlice paste od rajčice
- 1 žličica mljevenog korijandera
- 1 žličica mljevenog kima
- ¼ žličice mljevenog cimeta
- 2 žlice nasjeckanog cilantra, plus ⅓ šalice listova cilantra
- 2 žlice nasjeckanog peršina, plus ⅓ šalice lišća peršina
- ½ žličice vruće dimljene španjolske paprike
- 1½ funte mljevene janjetine
- Košer soli
- 1 žličica svježeg soka od limuna

## UPUTE:
### UMAK OD JOGURT
a) Pomiješajte češnjak, jogurt, ulje, limunov sok i med u maloj posudi; začinite umak solju.
b) Pokrijte i ohladite dok radite mesnu štrucu.

### MESNA ŠTRUCA I MONTAŽA
c) Zagrijte pećnicu na 350°. Lim za pečenje obložite papirom za pečenje i lagano premažite uljem. Pomiješajte nasjeckani mladi luk, jaje, pastu od rajčice, korijander, kumin, cimet, 2 žlice nasjeckanog cilantra, 2 žlice nasjeckanog peršina i ½ žličice paprike u srednjoj zdjeli.
d) Stavite janjetinu u veliku zdjelu, a zatim nježno pritisnite prema gore uz stijenke zdjele. Prstima napravite male udubine u mesu i obilno ga pospite solju, držeći ruku iznad zdjele kako bi se sol ravnomjerno rasporedila. Dodajte smjesu mladog luka u zdjelu i preklopite meso prema dolje i preko smjese. Miješajte rukama dok se ravnomjerno ne rasporedi.

Prebacite smjesu mesne štruce u pripremljeni lim za pečenje i oblikujte je u trupac veličine otprilike 8x3½". Premažite mesnu štrucu uljem i pecite dok ne pusti sok i dok termometar s trenutnim očitanjem umetnut u najdeblji dio ne zabilježi 140°, 35-40 minuta.

e) Izvadite mesnu štrucu iz pećnice i povećajte temperaturu pećnice na 500°. (Pustite da se pećnica zagrije prije nego što vratite mesnu štrucu. To će vam omogućiti da bolje zapečete na vrhu bez prekuhavanja.) Pecite mesnu štrucu dok ne porumeni na vrhu i termometar s trenutnim očitanjem ne zabilježi 160°, oko 5 minuta. Prebacite mesnu štrucu na dasku za rezanje i ostavite da odstoji 10 minuta prije rezanja.

f) U međuvremenu, bacite narezani mladi luk, limunov sok, ⅓ šalice lišća cilantra i ⅓ šalice lišća peršina u malu zdjelu da se pomiješaju. Prelijte s malo ulja; posolite i ponovno promiješajte.

g) Pladanj premažite jogurtom i preko posložite ploške mesne štruce. Prelijte salatom od začinskog bilja i pospite malo paprike.

## 76. Omot od lososa i jaja

**SASTOJCI:**

- 2 velika umućena jaja britanskog lava
- 1 žlica nasjeckanog svježeg kopra ili vlasca
- Prstohvat soli i svježe mljevenog crnog papra
- Malo maslinovog ulja
- 2 žlice grčkog jogurta bez masti
- Malo naribane korice i malo soka od limuna
- 40 g dimljenog lososa narezanog na trakice
- Šaka potočarke, špinata i salate od rukole

**UPUTE:**

a) U vrču umutite jaja, začinsko bilje, sol i papar. Zagrijte tavu koja se ne lijepi, dodajte ulje, a zatim ulijte jaja i kuhajte jednu minutu ili dok se jaje na vrhu ne stegne.

b) Preokrenite i kuhajte još jednu minutu dok temeljac ne porumeni. Prebaciti na dasku da se ohladi.

c) Jogurt pomiješajte s limunovom koricom i sokom te dosta mljevenog crnog papra. Raspršite dimljeni losos po foliji od jaja, na vrh stavite listove i pokapajte smjesom od jogurta.

d) Smotajte foliju od jaja i zamotajte u papir za posluživanje.

# 77. Limun riža s prženim lososom

**SASTOJCI:**
**RIŽA**
- 2 šalice riže
- 4 šalice pileće juhe
- ½ žličice bijelog papra
- ½ žličice češnjaka u prahu
- 1 manja glavica bijelog luka sitno nasjeckana
- 1 žličica sitno naribane korice limuna
- 2 žlice soka od limuna, svježe iscijeđenog

**LOSOS**
- 4 fileta lososa, uklonjene kosti
- Posolite i popaprite po ukusu
- 2 žlice ekstra djevičanskog maslinovog ulja

**UMAK OD KOPRA**
- ½ šalice grčkog jogurta s malo masnoće
- 1 žlica soka od limuna, svježe iscijeđenog
- 1 žlica mladog luka, sitno nasjeckanog
- 2 žlice svježeg lišća kopra, sitno nasjeckanog
- 1 žličica svježe korice limuna

**UPUTE:**
a) Pomiješajte sve sastojke za umak od kopra u maloj posudi. Stavite u hladnjak na najmanje 15 minuta.
b) U loncu srednje veličine zakuhajte pileću juhu. Dodajte rižu, češnjak, luk i bijeli papar i lagano promiješajte.
c) Poklopite lonac i kuhajte dok riža ne upije svu pileću juhu.
d) Tek kad se juha konačno upije, dodajte limunovu koricu i sok i dobro promiješajte da se sjedini. Vratite poklopac i kuhajte rižu još 5 minuta.
e) U velikoj tavi zagrijte maslinovo ulje na laganoj vatri. Prije prženja losos posolite i popaprite. Pecite losos 5-8 minuta sa svake strane ili do željenog stupnja pečenja.
f) Popečeni losos poslužite s rižom i umakom.

## 78.Minty losos salata

**SASTOJCI:**

- 213 grama konzerviranog crvenog aljaskog lososa
- 2 Zrela avokada ogulite i prepolovite
- 1 limeta; cijeđen sokom
- 25 grama kovrčave endivije
- 50 grama krastavca; oguljene i narezane na kockice
- ½ žličice svježe nasjeckane mente
- 2 žlice grčkog jogurta
- Ocijedite konzervu lososa, izlomite ribu na velike listiće i ostavite sa strane.

**UPUTE:**

a) Uklonite koštice avokada. Zarežite uzdužno od zaobljenog kraja. Nemojte potpuno prorezati uski kraj.
b) Svaku polovicu narežite na 5 dijelova, stavite na tanjur za posluživanje i lepezasto rasporedite ploške.
c) Premažite sokom limete.
d) Na tanjure rasporedite endiviju i na nju stavite listiće lososa.
e) Pomiješajte krastavac, mentu i jogurt. Izlijte na salatu.
f) Poslužite odmah.

# 79.Slojevita salata od voća i kozica

**SASTOJCI:**
- 1 zrela dinja Galia, narezana na četvrtine i sjemenke
- 1 veliki zreli mango, oguljen i narezan na kriške
- 200 grama ekstra velikih kozica, odmrznutih
- 4 žlice prirodnog grčkog jogurta
- 1 žlica pirea od rajčice ili sušene rajčice
- 2 žlice mlijeka
- Sol i svježe mljeveni crni papar
- 2 žlice svježe nasjeckanog korijandera

**UPUTE:**
a)   Četvrtinama dinje izvadite meso u jednom komadu i narežite po širini na 4-5 kriški. Složite dinju s narezanim mangom u polukrug na četiri tanjura.
b)   Podijelite kozice u svaki polukrug voća.
c)   Pomiješajte sastojke za preljev i prelijte jednu stranu voća kako biste oblikovali atraktivan uzorak. Pospite korijanderom i ohladite dok ne bude potrebno.

## 80.Zdrava waldorfska salata od zmajevog voća

**SASTOJCI:**
- 1 veliki, zreli plod zmaja
- ⅓ šalice 2-postotnog grčkog jogurta
- 2 žlice majoneze
- Sok od ½ limuna
- 1 žličica meda
- ½ žličice svježe naribanog đumbira
- ½ žličice košer soli
- 1 mala Granny Smith jabuka, bez jezgre i izrezana na komade od ½ inča
- ½ šalice crvenog grožđa bez sjemenki, prepolovljenog
- ½ šalice svježeg lišća cilantra, nasjeckanog
- ⅓ šalice indijskih oraščića, grubo nasjeckanih
- 4 lista Bibb ili iceberg salate

**UPUTE:**

a) Narežite dragon voće na četvrtine po dužini. Zavucite prst ispod kože, povucite je i ogulite u 1 komadu. Svaku četvrtinu izrežite na trokute debljine ¼ inča.

b) Pomiješajte jogurt, majonezu, limunov sok, med, đumbir i sol u velikoj zdjeli. Dodajte jabuke, grožđe, ¾ komada zmajevog voća i ¾ cilantra i indijskih oraščića. Promiješajte da se sjedini i stavite u hladnjak dok se ne ohladi oko 1 sat.

c) Stavite list zelene salate u svaku od 4 male zdjelice, a na svaku stavite po jednu kuglicu salate. Ukrasite preostalim zmajevim voćem, cilantrom i indijskim oraščićima.

## 81.Salata od zmajevog voća i rakova

**SASTOJCI:**
- 1 dragon voće, narezano na kockice
- ½ funte grudnog mesa rakova
- ¼ šalice majoneze
- ¼ šalice grčkog jogurta
- 2 žlice nasjeckanog vlasca
- 1 žlica soka od limuna
- Posolite i popaprite po ukusu

**UPUTE:**
a)  U srednjoj zdjeli pomiješajte majonezu, grčki jogurt, vlasac, limunov sok, sol i papar.
b)  Nježno umiješajte narezano dragon fruit i grudice mesa raka.
c)  Ohladite najmanje 30 minuta prije posluživanja.

## 82. Tacosi od svježeg voća

**SASTOJCI:**
- Tortilje od cjelovitog zrna pšenice (male)
- Voda
- Mljeveni cimet
- Šećer
- Grčki jogurt (sa ukusom vanilije)
- Svježe voće (na kockice) po izboru:
- Jagode
- Mango
- ananas
- kivi

**UPUTE:**
a) Zagrijte pećnicu na 325°F.
b) Okruglim plastičnim kalupom za kekse izrežite male krugove od tortilja od cjelovitog zrna pšenice (približno 2 po maloj tortilji).
c) Položite ove male tortilje na tepsiju. Stavite vodu u malu posudu; lagano premažite gornju stranu tortilja vodom, pomoću četke za pražnjenje.
d) Pomiješajte malu količinu mljevenog cimeta i šećera u posudi; pospite vlažne tortilje mješavinom cimeta i šećera.
e) Pomoću hvataljki svaku tortilju pojedinačno prevucite preko rešetke u tosteru, dopuštajući da stranice tortilje padnu između dvije metalne šipke na rešetki.
f) Pecite cca. 5-7 minuta, povremeno provjeravajući tortilje.
g) Pomoću hvataljki podignite tortilje s rešetke i prebacite ih na rešetku za hlađenje; tortilje bi trebale ostati u ovom položaju okrenute naopako da se ohlade, što je posljednji korak u oblikovanju oblika tacosa.
h) Prebacite ohlađene ljuske tacosa na tanjur i stavite malo grčkog jogurta od vanilije u ljusku tortilje; žlicom zagladite i prekrijte dno i stranice školjke.
i) Žlicom stavljajte svoje omiljeno voće u ljusku i uživajte!

83.Začinjene zdjelice od tune

**SASTOJCI:**
- 1 šalica smeđe riže dugog zrna
- 3 žlice maslinovog ulja majoneze
- 3 žlice grčkog jogurta
- 1 žlica sriracha umaka ili više po ukusu
- 1 žlica soka od limete
- 2 žličice sojinog umaka sa smanjenim udjelom natrija
- Dvije konzerve tune od 5 unci ociječene i isprane
- Košer sol i svježe mljeveni crni papar, po ukusu
- 2 šalice nasjeckanog kelja
- 1 žlica prženih sjemenki sezama
- 2 žličice prženog sezamovog ulja
- 1½ šalice engleskog krastavca narezanog na kockice
- ½ šalice ukiseljenog đumbira
- 3 zelena luka, tanko narezana
- ½ šalice nasjeckanog pečenog norija

**UPUTE:**
a) Skuhajte rižu prema uputama na pakiranju u 2 šalice vode u srednje velikoj tavi, ostavite sa strane.
b) U maloj zdjeli pomiješajte majonezu, jogurt, srirachu, sok od limete i soja umak. Žlicom stavite 2 žlice smjese majoneze u drugu zdjelu, poklopite i ohladite. Umiješajte tunu u preostalu mješavinu majoneze i lagano promiješajte da se sjedini, začinite solju i paprom po ukusu.
c) U srednjoj zdjeli pomiješajte kelj, sjemenke sezama i sezamovo ulje te začinite solju i paprom po ukusu.
d) Podijelite rižu u posude za pripremu obroka. Prelijte mješavinom tune, mješavinom kelja, krastavcima, đumbirom, zelenim lukom i norijem. U hladnjaku do 3 dana.
e) Za posluživanje prelijte mješavinom majoneze.

# DESERT

## 84. Snickers Frozen Yogurt

**SASTOJCI:**
- 2 šalice grčkog jogurta
- ¼ šalice meda
- ¼ šalice nasjeckanih Snickers pločica
- ¼ šalice prženog kikirikija, nasjeckanog

**UPUTE:**
a) U posudi za miješanje pomiješajte grčki jogurt i med.
b) Umiješajte nasjeckane Snickers pločice i prženi kikiriki.
c) Ulijte smjesu u posudu za zamrzavanje.
d) Zamrznite 2-3 sata, miješajući svakih 30 minuta kako biste spriječili stvaranje kristala leda.
e) Nakon što se zamrzne, ostavite ga na sobnoj temperaturi nekoliko minuta prije posluživanja.

## 85. Limoncello smrznuti jogurt s borovnicama

**SASTOJCI:**
- 2 šalice običnog grčkog jogurta
- ½ šalice Limoncello likera
- ½ šalice meda
- 1 žlica svježeg soka od limuna
- 1 šalica svježih borovnica

**UPUTE:**

a) U posudi za miješanje pomiješajte grčki jogurt, Limoncello liker, med i limunov sok dok se dobro ne sjedine.

b) Smjesu ulijte u aparat za sladoled i mutite prema uputama proizvođača.

c) U zadnjih nekoliko minuta mućkanja dodajte svježe borovnice i nastavite miješati dok se ne ravnomjerno rasporede.

d) Premjestite smrznuti jogurt u hermetički zatvorenu posudu i zamrznite još 2-3 sata da se stegne.

e) Poslužite Limoncello smrznuti jogurt sa svježim borovnicama na vrhu.

## 86. Mousse od sljeza od grčkog jogurta

**SASTOJCI:**
- 250 g marshmallowa natopljenog votkom
- 200 ml pola-pola
- ½ šalice grčkog jogurta
- 3 kapi ljubičastog prehrambenog gela, izborno
- 3 kapi ružičastog prehrambenog gela, po izboru
- 3 kapi narančastog prehrambenog gela, po izboru

**UPUTE:**
a) Na laganoj vatri polako kuhajte marshmallows i 2 žlice pola i pola u malom loncu uz stalno miješanje. Lako mogu izgorjeti pa ih pripazite.
b) Maknite s vatre i nastavite miješati ako izgledaju kao da bi mogle zagorjeti.
c) Nakon što se marshmallows rastopi i smjesa postane glatka, ostavite da se hladi 5 minuta.
d) Dodajte preostalu polovinu i polovinu i jogurt i pomiješajte da se sjedini.
e) Ovisno o broju slojeva, podijelite smjesu u zdjelice i obojite ljubičastim, ružičastim i narančastim gelovima.
f) Za sloj, nježno žlicom rasporedite prvi sloj u čaše za posluživanje. Ohladite 5-10 minuta. Ponovite s ostalim slojevima.
g) Hladiti dok ne zatreba.

## 87. Rođendanski doručak

**SASTOJCI:**
- 2 šalice jogurta od vanilije ili grčkog jogurta
- 1 šalica granole ili žitarica po izboru
- Svježe bobičasto voće (kao što su jagode, borovnice ili maline)
- Narezane banane
- Šlag
- Dugine prskalice
- Javorov sirup ili med (po želji)

**UPUTE:**
a) U pojedinačne zdjelice ili čaše za posluživanje počnite dodavanjem sloja jogurta od vanilije na dno.
b) Posipajte obilnu količinu granole ili žitarica na vrh sloja jogurta.
c) Preko granole dodajte sloj svježeg bobičastog voća i narezane banane.
d) Ponavljajte slojeve dok se zdjelice ili čaše ne napune, završavajući slojem jogurta na vrhu.
e) Na vrh svake sladoledne kuglice stavite malo tučenog vrhnja.
f) Pospite duginim posipima preko šlaga kako biste dodali blagdanski štih.
g) Po želji pokapajte malu količinu javorovog sirupa ili meda preko sladoleda za dodatnu slatkoću.
h) Ukrasite dodatnim svježim bobičastim voćem i pospite granolom ili žitaricama na vrhu.
i) Odmah poslužite rođendanske sladolede za doručak i uživajte u prekrasnoj kombinaciji kremastog jogurta, hrskave granole i svježeg voća.

## 88. Budala od manga i jogurta

**SASTOJCI:**
- 2 zrela manga, oguljena i narezana na kockice
- 2 žlice granuliranog šećera
- 1 šalica običnog jogurta
- 1 šalica šlaga
- 1 žličica ekstrakta vanilije
- Listovi svježe mente, za ukras (po želji)

**UPUTE:**
a) U blenderu ili procesoru hrane zgnječite jedan mango dok ne postane glatko. Staviti na stranu.
b) U zdjeli za miješanje pomiješajte mango narezan na kockice s granuliranim šećerom. Promiješajte da se mango prekrije šećerom i ostavite nekoliko minuta da puste sok.
c) U posebnoj zdjeli izmiksajte čisti jogurt i ekstrakt vanilije dok ne postane glatko.
d) Nježno umiješajte šlag u smjesu od jogurta dok se dobro ne sjedini.
e) Dodajte pasirani mango u smjesu jogurta i vrhnja. Nježno ga vrtite kako biste stvorili efekt mramora.
f) Podijelite smjesu manga i jogurta u čaše ili zdjelice za posluživanje.
g) Na vrh stavite zašećerene mango narezane na kockice, ravnomjerno ih rasporedite po porcijama.
h) Po želji ukrasite lističima svježe mente.
i) Ohladite ludu od manga i jogurta najmanje 1 sat kako bi se okusi stopili i desert ohladio.
j) Poslužite budalu od manga i jogurta ohlađenu.

## 89.Matcha, Yuzu i sladoled od manga

**SASTOJCI:**
- 2 žličice matcha čaja
- 1½ šalice smrznutog manga
- 5 manjih listića metvice
- 1 mala posuda običnog grčkog jogurta
- ½ šalice nezaslađenog bademovog mlijeka
- 1 žlica meda

**UPUTE:**
a) Prvo izvadite svoje kalupe za sladoled i pripremite ih za upotrebu!
b) Stavite sve sastojke u blender i miksajte dok ne postane glatko. Ovo može potrajati nekoliko minuta, ovisno o vašem blenderu.
c) Ulijte smjesu u kalupe za sladoled i zamrznite preko noći.
d) Sljedeći dan stavite sladoled na nekoliko sekundi pod vruću vodu kako biste ga lakše izvadili iz kalupa.
e) Jedite i uživajte!

## 90.Passionfruit Cheesecake bez pečenja

## SASTOJCI:
### ZA PODLOGU OD BISKVITA
- 200 g đumbir keksa poznatih kao gingernuts
- 100 g maslaca

### ZA NADJEV OD SIRA
- 400 g punomasnog Philadelphia krem sira
- 100 g šećera u prahu
- 2 listića želatine Platinum grade, koristite 3 za čvršći set
- 200 ml duple kreme
- 100 g grčkog jogurta
- 15 ml soka limete
- 2 žličice paste od mahune vanilije
- 100 ml pirea od marakuje

### ZA ŽELE PRELJEV OD STRAKUJKE
- 100 ml pirea od marakuje
- 100 ml pulpe marakuje
- 75 g šećera u prahu
- 2 listića želatine

## UPUTE:
### PODLOGA OD BISKVITA
a) Kekse od đumbira obradite u multipraktiku dok ne nalikuju finim krušnim mrvicama.
b) Otopite maslac i umiješajte u biskvitne mrvice.
c) Žlicom stavljajte ovu smjesu na dno kalupa za pečenje i pritisnite da se poravna.

### NADJEV ZA CHEESECAKE
a) Stavite 2 lista želatine u posudu napunjenu hladnom vodom. Ostavite 5-19 minuta dok ne omekša.
b) Pomiješajte krem sir i šećer dok ne postane glatko.
c) Dodajte grčki jogurt i pastu od mahune vanilije i promiješajte.
d) Zatim zagrijte pire od marakuje i sok od limete zajedno u tavi dok se ne zagriju.
e) Listove želatine ocijediti od vode, dodati u šerpu i miješati dok se ne otope.
f) Umutite voćne sokove u tijesto za tortu od sira – brzo brzo nakon što ulijete tekućinu kako biste izbjegli da se počne stvrdnjavati.
g) Dodajte vrhnje i tucite toliko da u njemu može stati žlica.

h) Žlicom stavite na podlogu od keksa i poravnajte tupim nožem. Hladiti 3 sata.

**ŽELE PRELJEV OD STRAKUJKE**

a) Preostala 2 lista želatine stavite u hladnu vodu i ostavite da omekšaju.
b) Stavite pire od marakuje i svježu pulpu od marakuje u malu tavu zajedno sa šećerom i zagrijte na oko 60C/120F dok se šećer ne otopi.
c) Želatinu ocijediti, dodati u tavu i miješati da se otopi.
d) Pustite da se ohladi na oko 40C/80F, a zatim prelijte po vrhu torte od sira.
e) Vratite kolač od sira u hladnjak na još 3 sata.

# 91. Alaska pogačice s plodovima mora

**SASTOJCI:**
- 418 grama konzerviranog aljaskog lososa
- 350 grama Paket filo tijesta
- 3 žlice orahovog ulja
- 15 grama margarina
- 25 grama glatkog brašna
- 2 žlice grčkog jogurta
- 175 grama plodova mora štapića; nasjeckana
- 25 grama nasjeckanih oraha
- 100 grama ribanog parmezana

**UPUTE:**
a) Premažite svaki list filo tijesta uljem i savijte ga u šesnaest kvadrata od 12,5 cm / 5 inča. U svaku posudu za pitu stavite po jedan kvadrat tako da zašiljeni kutovi vire preko ruba.
b) Premažite uljem, a zatim stavite drugi kvadrat tijesta na prvi, ali s kutovima usmjerenim prema gore između originalnih kako biste stvorili efekt lopoča.
c) Smanjite temperaturu pećnice na 150 C, 300 F, plin oznaka 2. Otopite margarin i umiješajte brašno. Umiješajte riblji temeljac, dobro tučeći da uklonite grudice.
d) Pomiješajte jogurt, štapiće plodova mora, orahe i losos u lističima u umak i podijelite na 8 kalupa za tijesto.
e) Pospite krušnim mrvicama po vrhu pa vratite u pećnicu da se zagrije 5-8 minuta

## 92. Amaretti keksi Sladoled

Oko 6 porcija

**SASTOJCI:**
- Karton od 500 g gotove kreme, ohlađene
- 250 g/9 oz običnog grčkog jogurta, ohlađenog
- 115 g/4 oz amaretti keksa

**UPUTE:**
a) Kremu i jogurt sipajte u veliki vrč i pjenjačom dobro promiješajte.
b) Amaretti kekse sameljite u sitne mrvice (upotrijebite procesor ili blender ili ih jednostavno stavite u plastičnu vrećicu za hranu i lagano zdrobite valjkom za tijesto).
c) U smjesu od kreme i jogurta umiješajte biskvite.
d) Stavite smjesu u aparat za sladoled i zamrznite prema uputama.
e) Prebacite u prikladnu posudu i zamrznite dok ne bude potrebno.

## 93.grčki Affogato

**SASTOJCI:**
- 1 mjerica sladoleda od grčkog jogurta ili smrznutog jogurta
- 1 čašica ouza (likera s okusom anisa)
- 1 šalica espressa
- med

**UPUTE:**
a) Stavite mjericu sladoleda od grčkog jogurta ili smrznutog jogurta u čašu za posluživanje.
b) Prelijte dozu ouza preko sladoleda.
c) Dodajte dozu vrućeg espressa.
d) Prelijte medom.
e) Poslužite odmah i uživajte u grčkoj kombinaciji jogurta, anisa i espressa.

## 94. Zlatni led od smokava s rumom

**SASTOJCI:**
- 150 g gotovih suhih smokava
- 250 g kartona mascarpone sira
- Karton od 200 g grčkog jogurta
- 2 žlice svijetlog muscovado šećera
- 2 žlice tamnog ruma

**UPUTE:**
a) Stavite smokve u multipraktik ili blender. Dodajte mascarpone sir, jogurt, šećer i rum. Miješajte dok ne postane glatko, stružući sa strane kada je potrebno.
b) Pokrijte i ostavite u hladnjaku oko 30 minuta dok se ne ohladi.
c) Stavite smjesu u aparat za sladoled i zamrznite prema uputama.
d) Prebacite u prikladnu posudu i zamrznite dok ne bude potrebno.

## 95. Liker od naranče i sladoled od ružine vodice

**SASTOJCI:**
- 200 g kartonske kutije grčkog jogurta, ohlađenog
- Karton od 284 ml duple kreme, ohlađen
- 85 g/3 oz sitnog šećera
- 4 žlice likera od naranče
- 1 žlica vode od cvijeta naranče
- 1 žlica ružine vodice
- 1 mala limeta

**UPUTE:**
a) Ulijte jogurt i vrhnje u veliki vrč.
b) Pjenjačom umiješajte šećer, liker, vodicu od narančinog cvijeta i ružinu vodicu.
c) Prepolovite limetu i iscijedite joj sok. Umiješajte u vrč.
d) Pokrijte i ostavite u hladnjaku 20-30 minuta ili dok se dobro ne ohladi.
e) Stavite smjesu u aparat za sladoled i zamrznite prema uputama.
f) Prebacite u prikladnu posudu i zamrznite dok ne bude potrebno.

## 96. Panna cotta od grčkog jogurta s pireom od datulja

**SASTOJCI:**
**ZA PANNA COTTU:**
- 1 šalica gustog vrhnja
- 1/3 šalice šećera
- 1/8 žličice soli
- 1 žličica ekstrakta vanilije
- 1 omotnica želatine bez okusa
- 2 šalice grčkog jogurta

**ZA PIRE OD DATUMA:**
- 2 šalice datulja (izvadite koštice i potopite u vodu pa napravite pastu u blenderu)
- okusiti šećer
- 1 žlica kukuruznog škroba

**UPUTE:**
a) U manjoj zdjelici pomiješajte 1 omotač želatine sa 3 žlice vode i ostavite sa strane 5 minuta.
b) U tavi za umake pomiješajte gusto vrhnje, šećer, sol i ekstrakt vanilije. Kuhajte oko 5 minuta (stalno miješajući) na srednjoj vatri dok se šećer potpuno ne otopi. Ne trebate kuhati već zagrijte toliko da se svi sastojci pomiješaju.
c) Ugasite štednjak i u smjesu dodajte otopljenu želatinu, miješajući je dok se dobro ne sjedini.
d) Dodajte 2 šalice grčkog jogurta i dobro promiješajte dok ne dobijete glatku konzistenciju.
e) Ovu smjesu podijelite u 4 čaše i stavite u hladnjak na par sati.

**PIRE OD DATUMA:**
f) U loncu pomiješajte datulje i pasirani šećer, zakuhajte i kuhajte oko 3-4 minute.
g) Kukuruzni škrob pomiješajte s 3 žlice vode i dodajte u umak. Dobro promiješajte minutu pa ugasite vatru. Pustite da se umak ohladi pa ga žlicom prelijte na ohlađenu Panna Cottu.
h) Pokrijte plastičnom folijom i stavite u hladnjak na još par sati.
i) Prije posluživanja desert pospite nasjeckanim datuljama i listićima mente.

# 97. Açaí sladoled

**SASTOJCI:**
- 3½-4 šalice svježeg miješanog bobičastog voća jagoda, malina, borovnica i kupina
- ¾ šalice običnog grčkog jogurta ili jogurta od vanilije
- ½ šalice mlijeka
- ¼ šalice šećera od trske ili zamjene za šećer
- 2 žlice Açaí praha ili 1 paket smrznutog Açaija

**UPUTE:**
a) Pripremite voće pranjem. Jagodama odrežite peteljke.
b) U blender velike brzine dodajte bobičasto voće, jogurt, mlijeko, šećer i Açaí prah. Miješajte dok ne postane glatko i dok se sjemenke ne razbiju oko 2 minute.
c) Ulijte u kalupe za sladoled. U sredinu svakog od kalupa zabodite štapiće za sladoled.
d) Zamrznite dok se potpuno ne zamrzne.
e) Izvadite sladoled od kalupa i poslužite.
f) Čuvajte u zamrzivaču u hermetički zatvorenoj posudi ili Ziploc-u do 3 mjeseca.

## 98. Hrskavi slatkiši od jogurta

**SASTOJCI:**

- 1 šalica dobrog gustog meda
- 3 šalice gustog grčkog jogurta
- 1 šalica vrhnja, lagano tučenog
- 1 žličica čistog ekstrakta vanilije
- slatkiši posipa

**UPUTE:**

a) Med vrlo malo zagrijte samo da omekša. Umiješajte jogurt, šlag i vaniliju pa ulijte u plitku posudu da se zamrzne, promiješajte jednom ili dvaput vilicom. Zamrznite na 1 sat, razbijte vilicom i zamrznite još sat vremena dok ne postane čvrsta, ali se može žlicom.

b) Obložite lim neljepljivim papirom. Na kalup stavite kalupe za kekse u obliku životinja ili drugih oblika i napunite ih sladoledom, pazeći da poravnate vrhove.

c) Brzo ga vratite u zamrzivač na 1 do 2 sata dok se ne stegne.

d) Kada ste spremni za posluživanje, pažljivo gurnite sladoled iz kalupa na ledeno hladan tanjur. Ostavite 1 ili 2 minute da površina počne omekšati.

e) Zatim ih pomoću jednog ili dva drvena ražnjića umočite s jedne ili dvije strane u zdjelu s posipom. Odmah ih vratite u zamrzivač jer će se vrlo brzo početi topiti.

f) Za posluživanje u svaki umetnite štapić za sladoled.

## 99. Slatkiši od jogurta od maline

## SASTOJCI:

- 1 šalica svježih malina
- ½ šalice grčkog jogurta od vanilije
- ¼ šalice meda
- ¼ šalice bademovog mlijeka

## UPUTE:

a) U blenderu pomiješajte maline, grčki jogurt, med i bademovo mlijeko. Miješajte dok ne postane glatko.

b) Smjesu ulijte u kalupe za sladoled, ostavljajući pri vrhu malo mjesta za širenje.

c) Umetnite štapiće od sladoleda i zamrznite najmanje 4 sata ili dok se potpuno ne zamrznu.

d) Za vađenje sladoleda iz kalupa, pustite ih pod toplom vodom nekoliko sekundi dok se lako ne oslobode.

## 100.Zdjelice za tortu od sira od bundeve

**SASTOJCI:**
- 4 unce krem sira, omekšalog
- 1 šalica običnog grčkog jogurta, plus još za preljev
- 1 šalica pirea od bundeve
- ¼ šalice javorovog sirupa
- 1 žličica ekstrakta vanilije
- 2 žličice mljevenog cimeta
- 1 žličica mljevenog đumbira
- ½ žličice mljevenog muškatnog oraščića
- Fina morska sol
- 1 šalica granole
- Tostirane sjemenke bundeve
- Sjeckani pekan orasi
- Nar arils
- Kakao grickalice

**UPUTE:**
a) Dodajte krem sir, jogurt, pire od bundeve, javorov sirup, vaniliju, začine i prstohvat soli u zdjelu procesora hrane ili blendera i miješajte dok ne postane glatko i kremasto. Prebacite u zdjelu, pokrijte i ostavite u hladnjaku najmanje 4 sata.
b) Za posluživanje podijelite granolu u zdjelice za desert. Na vrh stavite mješavinu bundeve, malo grčkog jogurta, sjemenke bundeve, pekan orahe, šipak i kakaovce.
c) Dodajte farro, 1¼ šalice vode i obilan prstohvat soli u srednju posudu za umake. Pustite da prokuha, zatim smanjite vatru na nisku, pokrijte i kuhajte dok farro ne omekša uz lagano žvakanje, oko 30 minuta.
d) Pomiješajte šećer, preostale 3 žlice vode, mahunu i sjemenke vanilije i đumbir u malom loncu na srednje jakoj vatri. Zakuhajte, miješajući dok se šećer ne otopi. Maknite s vatre i kuhajte 20 minuta. U međuvremenu pripremite voće.
e) Odrežite vrhove grejpa. Stavite na ravnu radnu površinu, s izrezanom stranom prema dolje. Oštrim nožem odrežite koru i bijelu srž, prateći krivulju voća, od vrha do dna. Zarežite između opni kako biste uklonili segmente ploda. Ponovite isti postupak da ogulite i segmentirate krvavu naranču.
f) Izvadite i bacite đumbir i mahune vanilije iz sirupa. Za posluživanje, podijelite farro u zdjelice. Rasporedite voće po vrhu zdjele, pospite plodovima nara, a zatim prelijte sirupom od đumbira i vanilije.

# ZAKLJUČAK

Dok dolazimo do kraja ovog putovanja punog jogurta, nadamo se da su vas recepti i znanje izneseni u ovoj kuharici nadahnuli da prigrlite čari grčkog jogurta u vlastitoj kuhinji. Mogućnosti s grčkim jogurtom su beskrajne, a mi vas potičemo da nastavite eksperimentirati i otkrivati nove kombinacije okusa.

Bilo da miješate grčki jogurt u kremasti umak za tjesteninu, koristite li ga kao zamjenu za kiselo vrhnje u svojim omiljenim receptima ili ga miješate u osvježavajući smoothie, zapamtite da grčki jogurt svakom jelu daje i kremast i nutritivni učinak.

Nadamo se da je "Odiseja jogurta: Istraživanje užitaka grčkog jogurta" potaknula vašu maštu i osnažila vas da svoje obroke prožmete dobrotom grčkog jogurta. Bilo da ste iskusni kuhar ili zaljubljenik u jogurt, neka vam ova kuharica bude izvor inspiracije i užitka dok se upuštate u bezbrojne ukusne avanture.

Dakle, sakupite svoje sastojke, prihvatite kremastost grčkog jogurta i dopustite svojim okusnim pupoljcima da krenu u divnu odiseju okusa. Uz svako jelo koje napravite, uživajte u radosti otkrivanja novih kulinarskih mogućnosti i hranjenja vašeg tijela zdravom, ukusnom hranom. Sretno kuhanje!

www.ingramcontent.com/pod-product-compliance
Lightning Source LLC
Chambersburg PA
CBHW070411120526
44590CB00014B/1348